Babybrei: gesund & einfach

Das ideale Baby Kochbuch für einen gelungenen Beikoststart

Die besten Beikost Rezepte zum Kochen für Babys und Kleinkinder

Tipps für eine ausgewogene Ernährung im ersten Lebensjahr inkl. Beikostplan

© LU Books

Autor: Charlotte Becker

1. Auflage, 2019

Alle Rechte vorbehalten.

Kapitel I: Allgemeine Informationen

Kapitel II: Tipps zum sicheren Einstieg zur Beikost

Kapitel III: Allergien und Unverträglichkeiten

Kapitel IV: Lebensmittelkunde

Kapitel V: Rezepte

Inhaltsverzeichnis

KAPITEL I – EINLEITUNG 7

DIE STILLZEIT 9

PRE-NAHRUNG – WENN DAS STILLEN KEINE OPTION IST 13
DIE ZUBEREITUNG 14
WAS GILT ES AUSSERDEM ZU BEACHTEN? 15
SO GELINGT DIE UMSTELLUNG AUF BEIKOST MIT MÖGLICHST WENIG TRÄNEN 16

KAPITEL II: TIPPS ZUM SICHEREN EINSTIEG ZUR BEIKOST 19

DIE RICHTIGE SITZGELEGENHEIT FÜR DEN ERSTEN BREI 21
DER RICHTIGE LÖFFEL FÜR DEN ERSTEN BREI 22
DAS RICHTIGE GESCHIRR FÜR DEN ERSTEN BREI 22
DAS LÄTZCHEN FÜR DEN ERSTEN BREI 23
DER RICHTIGE TRINKBECHER BEIM ERSTEN BREI 24
ANTI-KOLIK FLASCHE 25

KAPITEL III: ALLERGIEN UND UNVERTRÄGLICHKEITEN 26

DIE NAHRUNGSMITTELALLERGIE 28
DIE NAHRUNGSMITTELUNVERTRÄGLICHKEIT 33

KAPITEL IV: LEBENSMITTELKUNDE 44

BREI AUS DEM GLAS ODER SELBER KOCHEN? 44
WELCHE LEBENSMITTEL SIND DIE RICHTIGEN FÜR MEIN BABY? 49
KANN ICH MEIN KIND VEGAN ODER VEGETARISCH ERNÄHREN? 60
IST ES SINNVOLL, BIOLOGISCHE LEBENSMITTEL FÜR DEN BREI ZU WÄHLEN? 62
SAISONKALENDER REGIONALER LEBENSMITTEL 69
WELCHES LEBENSMITTEL DARF ICH MEINEM BABY AB WANN GEBEN? 70

BEIKOSTPLAN 75

SO VIEL NAHRUNG BENÖTIGT IHR BABY 79

KAPITEL V: REZEPTE 81

GESUNDE REZEPTE ZUM NACHMACHEN – GESUND UND EINFACH SELBER KOCHEN **82**
FRÜHSTÜCKSBREIS 84
Apfel-Birnen-Brei (ab 6 Monaten) 84
Haferbrei mit Apfelmus (ab 6 Monaten) 86
Bananenbrot ohne Zucker (ab 8 Monaten) 87
Porridge mit Apfelstücken (ab 8 Monaten) 88
Müsli-Frühstücksbrei (ab 10 Monaten) 88
Joghurt mit Hafer, Apfel und Möhren (ab 12 Monaten) 89

MITTAGSBREIS 90
Gemüsebrei (ab 6 Monaten) 91
Gemüse-Kartoffelbrei (ab 6 Monaten) 92
Gemüsebrei mit Fleisch oder Fisch (ab 6 Monaten) 93

Kürbisbrei mit Fenchel, Pastinake und Kartoffeln (ab 6 Monaten)	95
Süßkartoffelbrei mit Kohlrabi (ab 6 Monaten)	96
Fisch-Brokkoli-Nudelbrei (ab 8 Monaten)	97
Möhrenbrei mit Hirse (ab 8 Monaten)	98
Kartoffelbrei mit Zucchini (ab 8 Monaten)	99
Kartoffelbrei mit Putenfleisch (ab 8 Monaten)	100
Seelachs in Karotte-Kartoffelbrei (ab 8 Monaten)	101
Exotisches Hähnchen (ab 10 Monaten)	103
Bolognese Brei mit Gemüse (ab 10 Monaten)	104
Pastinaken-Reis-Brei mit Hähnchenbrust (ab 10 Monaten)	105
Vegetarischer Hirsebrei mit Karotte (ab 10 Monaten)	107
ABENDBREIS	109
Grundrezept Abendbrei (ab 6 Monaten)	110
Getreidebrei mit Birne (ab 6 Monaten)	111
Brei mit Zwieback und Banane (ab 6 Monaten)	113
Grießbrei mit Waldfrüchten (ab 6 Monaten)	114
Dinkel-Grießbrei mit Apfelmus (ab 6 Monaten)	115
Abendbrei mit Zwieback (ab 8 Monaten)	116
Milchreis (ab 8 Monaten)	117
BACKEN FÜR BABYS	**118**
Babykekse (ca. 20 Stück)	119
Haferplätzchen mit Apfelmus	120

SCHLUSSWORT   **122**

BONUS: BEIKOSTPLAN ZUM AUSDRUCKEN   **124**

Kapitel I – Einleitung

Viele junge Mütter stellen sich irgendwann die Frage, wann sie mit der Beikost beginnen sollten. Fertiggläschen aus dem Supermarkt oder doch lieber selber kochen? Welche Vorteile gibt es jeweils und wenn ich mich doch entschließen sollte, selber zu kochen, wie mache ich das eigentlich richtig? Diese und andere Fragen möchte ich mit diesem Ratgeber beantworten. Für Säuglinge gibt es keine bessere Nahrung als die Muttermilch und daher sollte diese zunächst nicht ersetzt werden, sofern das Stillen grundsätzlich möglich ist. Zumindest in den ersten fünf Lebensmonaten empfiehlt auch das Bundesinstitut für Risikobewertung (BfR), ausschließlich Milch zu füttern. Der Umstieg auf Beikost sollte teilweise erfolgen und im besten Fall mit einer Hebamme abgesprochen werden.

Damit sich der kleine Magen erst einmal etwas dehnen kann und sich die Verdauungsorgane langsam mit dem Verarbeiten von fester Nahrung bekannt machen können, gibt es die sogenannte Beikost. Diese soll Ihren Schützling nach und nach an die Nahrung heranführen, ohne dabei gleich vollständig auf Milch zu verzichten. Ein sanfter Einstieg sozusagen. Mit der Einführung der Beikost wird natürlich auch in die intensive Mutter-Kind-Beziehung eingegriffen, indem das Kind eine neue, unbekannte Welt für sich entdeckt. Das ist völlig natürlich. Denn richtig gemacht, wird der Einstieg in die Beikost einfach und angenehm für alle Beteiligten – man muss nur wissen wie und vor allem was. Hier finden Sie nicht nur den idealen Einstieg in die Beikost. Wir werden uns ebenso mit verschiedensten Lebensmitteln, Allergien und Nahrungsmittelunverträglichkeiten und auch dem selbst Zubereiten des Breis beschäftigen. Auch wenn ein gewisser Hersteller „mit seinem Namen" für Qualität steht, ist es ja doch irgendwie die sprichwörtliche Katze im Sack. Was ist wirklich enthalten? Wie frisch waren die Lebensmittel bei der Verarbeitung und welche Qualität haben beispielsweise Fisch und Fleisch? Bei all diesen Dingen können Sie sich nur wirklich sicher sein, wenn sie den Brei ganz einfach selbst kochen. Ob Sie sich nun fürs gekaufte Gläschen, Selbstmachen oder auch für einen Mix aus Beidem entscheiden: Hier finden Sie Vor- und

Nachteile, Dinge, auf die es zu achten gilt, aber auch Grundsätze aus dem biologischen Handbuch. Schnappen Sie sich das Buch, machen Sie es sich gemütlich und stöbern Sie im Labyrinth der Ernährung des Babys. Und falls die Entscheidung fürs Selbstmachen steht, finden Sie hier einfache Rezepte, die nur das Beste für Ihren Schützling enthalten.

Doch erst einmal ganz von vorne…

Die Stillzeit

Stillen ist etwas Feines – Viele Mütter schwören darauf, denn bekanntlich gibt es in den ersten Monaten nichts Besseres als Muttermilch für das Neugeborene. Tatsächlich liegt der weltweite Durchschnitt der Stillzeit bei über vier Jahren. Logisch – man hat immer alles dabei, aufwärmen ist überflüssig und es ist alles enthalten, was das Baby braucht. Auch braucht ihr Kleines keine zusätzliche Flüssigkeit, wenn es voll gestillt wird. Es ist ganz einfach wahnsinnig praktisch.

Außerdem sprechen viele Mütter von einer besonderen Bindung, die während des Stillens entsteht. Augenkontakt, vielleicht sogar der erste Anflug eines Lächelns. Ja, diese Momente sind das pure Glück für jede frischgebackene Mama.

Tatsächlich ist das Saugen an der Brust ein Instinkt, der uns von Geburt an in die Wiege gelegt ist. Sobald das Baby sich von der anstrengenden Geburt erholt hat und der erste Haut-auf-Haut Kontakt auf dem Bauch der Mutter stattfindet, sucht das Kleine sich den Weg zur Brust von ganz allein. Ein natürlicher Reflex, der meist schon in den ersten Stunden auf der Welt einsetzt. Sollte ihr Baby sich etwas mehr Zeit genehmigen, ist aber auch das völlig normal. Gönnen Sie ihm die Zeit, sich mit all den neuen

Eindrücken vertraut zu machen und schenken Sie ihm Geborgenheit. Vielleicht können Sie sich vorstellen, wie viel es schon im Krankenhaus- oder Geburtshauszimmer zu entdecken gibt.

Wenn Sie sich nun fragen, wie oft das Baby eigentlich gestillt werden muss, wird ihnen das eigene Kind die Antwort geben. In der Regel wird sich das Baby melden, wenn es Hunger hat. Sollte es allerdings zu langsam zunehmen, kann ein Wecken nötig sein, um dem Kleinen die nötige Energie zu geben und es mit allen Nährstoffen zu versorgen, die es braucht. Durchschnittlich werden Sie innerhalb 24 Stunden rund zehn bis zwölf Mal die Brust geben. Bei Fragen zum Stillen steht Ihnen aber natürlich auch Ihre Hebamme immer zur Seite.

Auch die Weltgesundheitsorganisation (WHO) empfiehlt in den ersten sechs Lebensmonaten Muttermilch. In Deutschland stillen 70% aller Frauen. Nur jede siebte verweigert das Stillen also aus verschiedensten Gründen. Einige leiden unter enormen Schmerzen und erleben das Stillen als blanken Horror, wieder andere haben schlichtweg nicht genügend Milch zur Verfügung, sodass schneller auf das Fläschchen zurückgegriffen werden muss.

Aber auch das ist keine Schande. Heutzutage steht Pre-Nahrung der natürlichen Muttermilch in fast nichts nach. Da sie so gut es geht nachempfunden wird, können Sie beruhigt abstillen, wenn ihnen das Stillen Probleme bereitet.

Doch genug zum Baby, denn besonders beim Stillen sollte auch die Mutter einige Dinge beachten, denn Stillen ist nicht einfach mal so nebenher getan.

Im Gegenteil, denn der Körper verbraucht während der Stillzeit um einiges mehr an Energie. Rund 650 Kalorien täglich können sich stillende Mamas mehr zu Buche schlagen. Für die einen ein toller Nebeneffekt, andere haben nun Probleme, das Gewicht zu halten. Besonders die Babypfunde aus der Schwangerschaft können so etwas zu schnell purzeln.

Nicht nur das Essen ist wichtig für eine gesunde und ausgiebige Milchproduktion. Wichtig ist zudem eine ausreichende Menge Flüssigkeit. Stillende Mütter sollten rund drei Liter täglich in Form von Wasser und ungesüßten Tees zu sich nehmen. Ist die Mutter dehydriert kann das die Milchbildung behindern und somit den Kreislauf aus dem Gleichgewicht bringen.

Diese Getränke sind während der Stillzeit entweder mit Vorsicht zu genießen oder sollten vollständig gemieden werden:

- Koffeinhaltige Getränke

Koffeinhaltiges, wie beispielsweise Kaffee oder Cola, haben eine anregende, belebende Wirkung. Und das nicht nur auf die Mutter. Auch das Stillbaby kann etwas von dieser Wirkung abbekommen. Können Sie nur schwer verzichten, versuchen Sie es doch einfach mal mit entkoffeiniertem Kaffee.

- Fruchtsäfte

Obst beinhaltet Säure, die im Übermaß auf das empfindliche Verdauungssystem des Babys schlagen kann. Die Folgen können Blähungen oder auch ein wunder Po sein. Greifen Sie gerne auf Saft zurück, versuchen Sie es doch von nun an mal mit Schorlen. Ein Teil Wasser zu einem Teil Saft kann besonders in Sprudelwasser herrlich erfrischend sein.

- **Alkohol**

Wie auch während der Schwangerschaft ist Alkohol auch während der Stillzeit tabu. Der Alkohol geht in die Muttermilch über und das Baby trinkt unfreiwillig mit.

Möchten Sie aber zu einem besonderen Anlass doch mal ein Glas Sekt trinken, pumpen Sie davor einige Milliliter ab, sodass das Baby gut versorgt ist.

Pre-Nahrung – Wenn das Stillen keine Option ist

Aus verschiedenen Gründen ist es einigen Müttern nicht möglich voll zu stillen, andere lehnen es schlichtweg ab. Die gängige Alternative ist dann die sogenannte Pre-Nahrung. Dabei handelt es sich um Milchpulver, welches mit warmem Wasser zu einer Art Milch angerührt wird.

Pre-Nahrung wird regelmäßig von sogenannten Prüfungsinstituten unter die Lupe genommen. Sind alle nötigen Nährstoffe im richtigen Umfang enthalten? Stimmt der Energiegehalt des Milchpulvers? Fragen wie diese werden hier abgeklärt und nur mit dem OK dieser Institute freigegeben. Pre-Nahrung unterliegt sogar einem Gesetz, welches künstliche Zusatzstoffe, wie beispielsweise Farb- und Aromastoffe, verbietet.

Ebenso werden Sie kein Gluten, wie auch kein schwerverdauliches Kuhmilcheiweiß in der Muttermilchalternative finden. Das Kohlenhydrat wird hierbei aus Lactose, also Milchzucker gewonnen. Außerdem werden die nötigen Vitamine und Mineralstoffe zugesetzt.

Pre-Nahrung ist also so gut es geht der natürlichen Muttermilch nachempfunden.

Sollten Sie sich also Sorgen machen, dass Pre-Nahrung mit Muttermilch nicht mithalten kann, kann ich Sie beruhigen. Einzig und allein die immunstärkende Wirkung der Muttermilch kann bei Pre-Nahrung nicht im selben Maß gewährleistet werden. Der Zusatz „Pre" versichert Sie übrigens darin, dass die Nahrung von der Geburt an bis zur Einführung der Beikost eingesetzt werden kann.

Die Zubereitung

Um alle etwaigen Bakterien und Keime im Wasser abzutöten, sollte das Wasser zunächst abgekocht werden.

Ideal ist in den meisten Haushältern Leitungswasser. Sollten Sie sich unsicher sein, können sie einen Wassertest anfordern. Ausgeschlossen sind Bleileitungen. Das Wasser sollte hierbei auf keinen Fall verwendet werden. Ist das Wasser in Ihrem Haushalt nicht geeignet, bietet der Handel abgepacktes Wasser an, welches explizit zur Herstellung von Säuglingsnahrung verwendet werden kann.

Um frisches Wasser zu nutzen, drehen Sie den Wasserhahn vorerst für einige Sekunden auf, damit das stehende Wasser aus der Leitung abfließen kann und frisches Wasser nachkommt.

Gehen Sie anschließend entsprechend der Packungsanweisungen vor und bereiten Sie die Milch lauwarm zu. Überprüfen Sie in jedem Fall die Temperatur der Milch, bevor Sie sie ihrem Baby zum Trinken anbieten.

Was gilt es außerdem zu beachten?

Der große Nachteil beim Zufüttern von Pre-Nahrung ist natürlich die fehlende Spontanität. Beim Stillen kann das Baby ganz einfach an die Brust angelegt werden und „los geht's". Pre-Nahrung muss natürlich erst einmal zubereitet werden.

Abgesehen davon, sollten Sie einige Dinge beachten.

- Pre-Nahrung niemals auf Vorrat zubereiten

Hygiene steht bei dem empfindlichen Immunsystem ihres Babys stets an erster Stelle. Steht zubereitete Pre-Nahrung zu lange, können sich durch die warme Temperatur schneller Bakterien bilden, als einem lieb ist. Deshalb immer nur eine Portion für die anstehende Mahlzeit zubereiten.

- Pre-Nahrung richtig lagern

Brechen Sie eine neue Packung ihrer präferierten Pre-Nahrung an, sollten Sie sie anschließend immer gut und luftdicht verschließen. Auch von der Lagerung im Kühlschrank wird von den meisten Herstellern abgeraten. Sollten Sie sich unsicher sein, finden sie auf der Rückseite der Pre-Nahrung stets Anweisungen zu Lagerung und Zubereitung.

So gelingt die Umstellung auf Beikost mit möglichst wenig Tränen

Sobald die Ernährung umgestellt wird, wird für Sie in der Regel sehr schnell klar, womit Sie Ihren Schatz begeistern können und welche Lebensmittel schon beim bloßen Anblick zum Weinen führen. Das trifft leider häufig gerade auf die wirklich gesunden Dinge wie Obst oder Gemüse zu, insbesondere dann, wenn diese Nahrungsmittel einen intensiven Eigengeschmack haben. Viele Babys sind getreu nach dem Motto „Was der Bauer nicht kennt..."

nicht besonders experimentierfreudig. Vielleicht haben Sie aber auch Glück und Ihr Kind isst alles, was Sie ihm oder ihr vorsetzen.

Falls das nicht der Fall sein sollte, ist das aber gar kein Problem. Es bringt in jedem Fall nichts, ihrem Kind etwas aufzuzwingen und darauf zu bestehen, dass es isst.

Hier ist wirklich Fingerspitzengefühl gefragt! Mit ein paar wenigen Tricks kann die Einführung von Beikost allerdings zu einem großen Spaß für alle werden.

Wenn Sie also beispielsweise möchten, dass Ihr Schatz zum ersten Mal ein kleines Stück Banane isst, sollten Sie sie nicht einfach auf den Teller Ihres Babys legen. Stattdessen können Sie die kleinen Stücke auf einem Teller in die Mitte des Tisches stellen und davon essen, ohne Ihrem Baby zunächst etwas anzubieten.

Wenn Sie das 1-2 Mal machen und dabei signalisieren, dass es wirklich lecker schmeckt, will Ihr Kind garantiert auch zumindest einmal probieren. Bieten Sie das Stück Banane einfach einmal an, damit Ihr Baby sich die Banane genau anschauen, tasten und schmecken kann. Das gelingt nicht immer, aber da Kinder einen stark ausgeprägten Urinstinkt haben und sowieso alles gut finden, was Mama und Papa so machen, wollen sie auch zwangsläufig wissen, was da eigentlich so gut schmeckt.

Wichtig ist nur, dass Sie Ihr Kind nicht zwingen, sondern es dazu bringen, es selber zu wollen. Probieren Sie es aus und versuchen Sie auch andere Herangehensweisen (Wer kennt nicht das Flugzeug, das in den Mund fliegt?). Sie kennen Ihr Baby am besten und daher werden Sie auch die beste Möglichkeit finden. Je natürlicher und selbstverständlicher Sie Lebensmittel zu sich nehmen, umso entspannter wird auch ihr Kind zugreifen.

Kapitel II: **Tipps zum sicheren Einstieg zur Beikost**

Eins ist klar, irgendwann reicht der Nährstoffgehalt der Muttermilch für das steigende Wachstum des Nachkömmlings nicht mehr aus. Dies geschieht bei den meisten Babys um den sechsten bis siebten Lebensmonat und somit wird der Einstieg in die Beikost auch in diesem Zeitraum von Ernährungsexperten empfohlen. Vitamine, Mineralstoffe und Spurenelemente werden nun essentiell für das Wachstum ihres Babys. Jetzt ist es Zeit für den ersten Brei! Aufregend für Mama, Papa und das Baby sowieso.

Sind Sie sich unsicher, ob ihr Baby schon bereit für den ersten Brei ist, können Sie sich an einigen

Anzeichen orientieren:

- Ihr Baby beginnt mit dem Belutschen und Kauen der kleinen Fingerchen

- Wenn Sie selbst essen, bemerken Sie das Interesse Ihres Babys. Die Augen wandern jedem einzelnen Löffelchen für Mama oder Papa hinterher.

- Ihr Baby beginnt zu sabbern und benötigt allmählich ein Lätzchen, damit das T-Shirt nicht stündlich gewechselt werden muss. Ein Zeichen dafür, dass die Verdauungsenzyme bereit sind mit der Verdauung von fester Nahrung zu beginnen.

- Sie bemerken, dass die üblichen Mahlzeiten nicht mehr ausreichen. Das Baby verlangt immer häufiger nach der Brust oder dem Fläschchen und auch nachts, benötigt es vermehrt Ihre Aufmerksamkeit.

Der Speiseplan wird nun etwas bunter und das Baby kann zahlreiche neue Geschmäcker kennenlernen. Karotte, Pastinake, Kartoffel und Co. sind Klassiker für den ersten Brei, diese finden aber nicht alle toll. Einige Babys sind schon früh am Essen auf dem Tisch interessiert, andere würden gerne weiterhin an Mamas vertrauter Brust trinken.

Ist letzteres der Fall, sollte man auf keinen Fall Druck ausüben. Stattdessen erst einmal bleiben lassen und den Brei einige Tage später erneut anbieten. Essen sollte ein Genuss sein und Freude bereiten – das gilt auch schon in diesen frühen Lebensmonaten.

Ganz abgesehen davon – Falls Sie selbst schon einmal Hummer gegessen haben, können Sie sich vielleicht vorstellen, wie sich ihr Baby nun fühlt. Wie der zu knacken ist, will gelernt sein. Ganz genauso fühlen sich unsere Babys, wenn sie das erste Löffelchen Brei vorgehalten bekommen. Denn diesen vom Besteck zu lutschen, ist zunächst nicht so einfach wie es scheint.

Aber erst einmal zu den „Rahmenbedingungen" wie Stuhl, Besteck und Lätzchen.

Die richtige Sitzgelegenheit für den ersten Brei

Beim Start in die erste Beikost, können die Kleinen noch sehr zart sein und würden aus einem Hochstuhl einfach herausflutschen. Am einfachsten ist es deshalb, das Baby ganz einfach auf den Schoß oder Arm zu nehmen und es von dort aus zu füttern.

Ist das Kleine allerdings schon sehr aktiv und an allem, nur nicht dem Brei interessiert, kann das schon wirklich anstrengend werden.

Eine tolle Alternative bietet hier die Babywippe. Babys Rücken wird gestützt und es sitzt stabil und leicht aufrecht, um in Ruhe essen zu können. Sie haben die Hände frei und können sich dem Kleinen vollständig zuwenden.

Ist das Kind bereits einige Wochen älter, wird der

Der richtige Löffel für den ersten Brei

Der Löffel ist bei Brei und Beikost natürlich das A und O. Natürlich ist ein Füttern mit einem handelsüblichen Teelöffel aus Ihrem Besteckkasten möglich. Um den noch empfindlichen Mundraum deines Babys zu schützen, sollten Sie jedoch vorrangig auf einen flexiblen Kunststofflöffel zurückgreifen.

Diese sind meist etwas flacher als normale Löffel und haben weniger scharfe Kanten, an dem sich das Baby verletzten könnte, wenn es am Löffel nuckelt.

Beim Kauf der Löffel empfiehlt es sich, auf ein größeres Set an Löffelchen zurückzugreifen, da sie in älteren Monaten täglich mehrere Löffel benötigen werden.

Das richtige Geschirr für den ersten Brei

Können Sie sich vorstellen, wie aufregend und interessant alles ist, wenn man es zum ersten Mal sieht? Teller, Schüsseln, Obst und Gemüse in allen Formen und Farben. Das muss natürlich erst einmal ausgiebig begutachtet werden.

Damit bei der Erkundungstour auf dem Hochstuhl nichts zu Bruch geht, empfiehlt sich bruchsicheres Kindergeschirr aus Kunststoff. Das überlebt auch mal den Flug zum Boden, sodass keine Scherben und somit auch keine Gefahr fürs Baby entstehen kann.

Viele Hersteller versehen ihr Kindergeschirr mit tollen Features, wie beispielsweise einem Saugring, der durch Vakuum am Tisch befestigt werden kann. So bleibt die Schüssel wo sie ist und der Brei, wo er hingehört.

Wieder anderes Geschirr ist hohl und kann mit warmem Wasser befüllt werden. So bleibt der enthaltene Brei warm, auch wenn die Raubtierfütterung mal etwas länger dauert.

Das Lätzchen für den ersten Brei

Babys sabbern – das wissen die meisten. Dass aber besonders zu Beginn der Beikost nur ein Bruchteil des Breis im Mund des Kleinen landet, liegt an der völlig neuen Methode Nahrung aufzunehmen. Bisher konnte nicht viel schiefgehen, da die Nahrungszufuhr aus der Brust recht kontrolliert stattfinden kann.

Damit das Baby seine Kleidung nicht vollständig bekleckert und nach jeder Mahlzeit ein neuer Body her muss, empfehlen sich beim Füttern natürlich Lätzchen.

Achten Sie beim Kauf der Lätzchen auf 100% Baumwolle. Diese lassen sich heiß waschen, Bakterien werden also abgetötet und die Flecken gehen auch wirklich raus.

Alternativ gibt es auch Lätzchen mit Beschichtung. Diese können ganz einfach ohne Rückstände abgewischt werden.

Der richtige Trinkbecher beim ersten Brei

Während ihr Baby voll gestillt wird, benötigt es keine zusätzliche Flüssigkeit. Sobald es mit der Beikost losgeht, ändert sich das allerdings. Idealerweise sollte das Baby ab der ersten Beikost Mahlzeit die Möglichkeit haben, zusätzlich zu trinken. Spätestens aber bei Einführung der dritten Beikost Mahlzeit ist es unbedingt notwendig, dass Ihr Baby zusätzlich trinkt.

Damit es Ihrem Schützling dabei so einfach wie möglich gemacht wird, ist der richtige Becher wichtig.

Zu Beginn ist es am einfachsten, die Getränke ganz einfach im Fläschchen anzubieten. Das verhindert eine zu hohe Überforderung bei all dem Neuen. Der Kopf des Fläschchens imitiert die Brust der Mutter, sodass das Baby von ganz allein weiß, was zu tun ist. Wichtig ist dabei nur, den Milchsauger durch einen Teesauger zu ersetzen. Hier ist die Öffnung etwas kleiner und verhindert somit eine zu rasche Flüssigkeitsabgabe. Die Gefahr des Verschluckens wird somit minimiert.

Das Fläschchen wird allerdings nicht von alles Babys akzeptiert. Alternativ kann eine sogenannte Schnabeltasse angeboten werden. Anders als beim gängigen Fläschchen muss das Baby hier nicht so stark saugen.

Anti-Kolik Flasche

Viele Babys leiden nach dem Trinken aus dem Fläschchen an Bauchschmerzen und Blähungen. Auch wenn dieses Phänomen wissenschaftlich noch nicht geklärt ist, geht man davon aus, dass beim Trinken zu viel Luft geschluckt wird, die den kleinen Magen schmerzhaft aufbläht.

Um dies zu vermeiden, nehmen die meisten Eltern ihre Schützlinge nach der Mahlzeit aufrecht an die Brust und klopfen ihnen einige Male sanft auf den Rücken, um überflüssige Luft ausweichen zu lassen. Bekannt ist diese Haltung als das sogenannte „Bäuerchen".

Um das Schlucken von Luft von Beginn an zu vermeiden, wurden sogenannte Anti Kolik Flaschen entwickelt, die den Druck durch ein Ventil am Flaschenboden ausgleichen. Die Milch kann dadurch nicht schäumen und das Schlucken von Luftbläschen innerhalb der Milch wird verhindert.

Kapitel III: Allergien und Unverträglichkeiten

Laktose-, Gluten- Milcheiweißunverträglichkeit. Tatsächlich scheinen die Betroffenen von fiesen Nahrungsmittelunverträglichkeiten jährlich mehr zu werden. Grund für die scheinbar steigenden Zahlen sind aber nicht unsere stetig empfindlicher werdenden Verdauungstrakte, sondern das wachsende Vertrauen zum Arzt. Immer mehr Menschen lassen sich bei Beschwerden durchchecken und heraus kommt nicht selten eine Lebensmittelunverträglichkeit.

Während sich manche der oben genannten Beschwerden erst im Laufe des Lebens entwickeln, sind einige Menschen von Geburt an betroffen. Wieder andere sind als Baby betroffen, haben aber mit steigendem Alter keine Probleme mehr. Hier ein paar Fakten: Durchschnittlich leiden etwa zwei Prozent aller Neugeborenen an einer „echten" Kuhmilchallergie, mit der sie für immer leben müssen.

75% sind allerdings um den dritten Geburtstag beschwerdefrei und können ohne Probleme Kuhmilchprodukte verzehren. Selten entwickelt sich im Laufe des Lebens eine verwandte Allergie, wenn es die Veranlagung zulässt. So kämpfen einige Betroffene später beispielsweise mit Asthma oder Heuschnupfen.

Sollten Sie also auf Pre-Nahrung zurückgreifen und das Baby leidet an einer Milcheiweißallergie oder reagiert auf andere Inhaltsstoffe, kann das erst einmal für Kopfzerbrechen sorgen. Das ist jedoch kein Grund zur Verzweiflung, denn die Industrie ist mittlerweile auf sämtliche Krankheiten vorbereitet.

Aber welche Allergien und Unverträglichkeiten kann mein Baby überhaupt haben und wie erkenne ich diese?

Grundsätzlich unterscheidet man bei Beschwerden nach dem Verzehr bestimmter

Nahrungsmittel zwischen Nahrungsmittelallergie und Nahrungsmittelunverträglichkeit.

Die Nahrungsmittelallergie

Leidet ihr Baby unter einer Nahrungsmittelallergie reagiert das Immunsystem auf einen bestimmten Stoff, der in der verzehrten Nahrung enthalten ist. Die Reaktionen werden demnach vom körpereigenen Abwehrsystem hervorgerufen.

Die Allergie bezieht sich in der Regel auf das Eiweiß in einem Lebensmittel. Allergien gegen Fette oder Kohlenhydrate konnten bisher nicht nachgewiesen werden.

Aber wie erkenne ich eine Nahrungsmittelallergie überhaupt?

Bereits in den ersten Wochen der Beikost werden Sie merken, welche Geschmäcker und Lebensmittel Ihr Baby mag und welche nicht. Dass das Kleine von Karotten aber nicht so begeistert ist, wie vom Früchtebrei, spricht noch lange nicht für eine Allergie oder Unverträglichkeit. Im Gegenteil! Nur jedes 17. Kind entwickelt im Laufe der ersten

Lebensmonate eine Allergie gegen ein bestimmtes Lebensmittel.

Bei welchen Symptomen Sie hingegen hellhörig werden sollten, sind folgende:

- Durchfall und Erbrechen
- Juckreiz, Ekzeme und Nesselsucht
- Rote Augen, Niesen und eine laufende Nase
- Schwellungen an Lippen und Augen

Wie stark diese Symptome ausgeprägt sind, hängt von dem Schweregrad der Allergie ab. In der Regel erleben Betroffene ihre Allergieanfälle in einem ähnlichen Ausmaß. Dies ist allerdings keine Sicherheit dafür, dass der nächste Anfall deutlich stärker ausfallen kann. Daher sollten Sie eine Allergie bei Ihrem Kinderarzt abklären und überwachen lassen.

Sollten Sie bei Ihrem Baby akute Atemnot oder ein Röcheln feststellen, kann dies ein Anzeichen für einen anaphylaktischen Schock sein, der umgehend behandelt werden muss.

Ein lebensbedrohlicher Notfall, der sofortige, medizinische Hilfe mittels 112 verlangt.

Gegen welche Lebensmittel sind allergische Reaktionen bekannt?

Wie bereits erwähnt sind Allergene ausschließlich Eiweiße. Soweit bekannt existieren keine Allergene in Kohlenhydraten und Fetten. Die unten aufgeführten Lebensmittel beinhalten alle ein Eiweiß, auf das betroffene Menschen allergisch reagieren. Somit ist man also auf Hühnereiweiß, Kuhmilcheiweiß oder auch Weizeneiweiß allergisch. Reaktionen entstehen in den meisten Fällen nach dem Verzehr folgender Nahrungsmittel:

- Hühnerei
- Kuhmilch
- Weizen
- Soja
- Fisch
- Erdnüsse

- Nüsse und Samen
- Schalentiere

Wie sollte ich mein Baby ernähren, wenn eine Allergie diagnostiziert wurde?

Pre-Nahrung ist ein Auszug aus Kuhmilch. Sollten Sie selbst also Symptome einer Allergie gegenüber Kuhmilch bemerken, sprechen Sie so schnell wie möglich mit Ihrem Kinderarzt oder Allergologe. Sollte dieser eine Kuhmilchallergie bei Ihrem Baby nachweisen, wird für die kommenden Wochen ein striktes Verbot von Kuhmilch und Kuhmilch-Eiweiß angeordnet. Wie lange dies anhält, wird Ihr behandelnder Arzt entscheiden. Viele Babys eignen sich in den ersten Lebensjahren eine Toleranz gegenüber verschiedenen Allergenen an, die mit einer sogenannten Eliminationsdiät wieder aufgehoben werden kann. Demnach werden in regelmäßigen Abständen Tests gemacht, die den aktuellen Stand bewerten und das weitere Vorgehen bestimmen.

Ihr Arzt wird Ihnen im Fall einer Kuhmilchallergie ein passendes Ersatzprodukt empfehlen, sodass ihr Baby alle nötigen Nährstoffe bekommt, die es benötigt.

Sprechen Sie natürlich zu aller erst mit Ihrem Kinderarzt über die Problematik und verordnen Sie auf keinen Fall eine Selbstmedikation.

Kann ich das Risiko für Allergien eindämmen?

Tatsächlich ist es möglich das Risiko für eine Allergie einzudämmen. Nichts stärkt das Immunsystem ihres Babys in den ersten Lebensmonaten so gut wie Muttermilch. Die einmalige Zusammensetzung aus Kohlenhydraten, Eiweiß und Fett wie auch Prebiotika, Nukleotiden, Vitaminen und Mineralstoffen geben Ihrem Baby die besten Voraussetzungen, um bestens gewappnet für alles Kommende zu sein.

Risiko durch Genetik?

Wenn ein nahes Familienmitglied, wie beispielsweise ein Elternteil an einer Allergie leidet, ist dies noch lange kein Indiz dafür, dass auch Ihr Nachwuchs betroffen sein wird. Der Genetik-Cocktail ist ein Zufallsgenerator, der zwar ein erhöhtes Risiko bei ihrem Baby auslöst, aber noch lange keine Sicherheit für eine bevorstehende Allergie sein muss.

Im Idealfall besprechen Sie bereits während der Schwangerschaft mögliche Allergien und ziehen eine sogenannte Familienanamnese zu Rate. So können eventuelle Allergien möglichst früh berücksichtigt werden und frühzeitig vorgebeugt werden

Die Nahrungsmittelunverträglichkeit

Anders als bei einer Allergie spielt das Immunsystem bei einer reinen Unverträglichkeit keine Rolle. Stattdessen ist hier ein Enzymmangel im Darm der Verursacher. Leidet Ihr Baby also beispielsweise an einer Laktoseintoleranz, liegt im Darm ein Mangel des Enzyms Lactase vor. Dieses Enzym spaltet beim gesunden Menschen die in Milch enthaltene Lactose und sorgt dafür, dass der Darm den Milchzucker problemlos aufnehmen kann. Bei lactoseintoleranten Personen, ist die Spaltung nicht oder nur bedingt möglich und das Milcheiweiß bleibt im Darm, sodass typische Symptome auftreten.

Bei welchen Symptomen Sie hellhörig werden sollten, sind folgende:

- Blähungen und Durchfall
- Verstopfung
- Erbrechen
- Bauchschmerzen
- Atemnot

- Herzrasen
- Juckreiz
- Kopfschmerzen
- Müdigkeit
- Quaddeln

Die häufigsten Nahrungsmittelunverträglichkeiten

Lactoseintoleranz

Auf Platz 1 der Nahrungsmittelunverträglichkeiten- oder Intoleranzen ist die Lactoseintoleranz. Besonders in der westlichen Welt ist diese Unverträglichkeit so weit verbreitet, wie keine andere. Vor allem im asiatischen Raum ist die Quote extrem hoch. Zwischen 80 und 100 Prozent der Bürger sind hier betroffen und nehmen daher keinerlei Milchprodukte zu sich.

Wie bereits erwähnt, fehlt Betroffenen das milcheiweißaufspaltende Enzym Lactase entweder komplett oder teilweise. Der aufgenommene Milchzucker kann also nicht verwertet werden und führt dazu, dass lactoseintolerante Menschen bereits nach kleinsten Mengen Laktose Magen-Darm-Beschwerden bekommen. Die häufigsten Symptome sind hierbei Blähungen und Durchfall.

Grund dafür ist das Zurückbleiben der unverdauten Lactose im Darm. Spezielle Bakterien sorgen dann dafür, dass die Lactose in Gase und Milchsäure verwandelt wird. Die Folge: ein aufgeblähter Bauch und Krämpfe.

Achtung! Auch die Muttermilch enthält Lactose. Bei gesunden Babys beginnt das Bäuchlein bereits vor der Geburt mit der Lactase Produktion, damit unmittelbar nach der Geburt Muttermilch getrunken und verdaut werden kann. Die Symptome können sich also bereits beim Stillen einstellen. Gefährlich sind hierbei die Unterernährung und Austrocknung des Babys. Durch teilweise extremen Durchfall und Erbrechen erhält das Baby nicht genügend Nährstoffe und Flüssigkeit und kann sich nicht schnell genug entwickeln.

Bemerken Sie also langzeitig Durchfall oder hat ihr Baby nach dem Füttern oft mit Bauchschmerzen zu kämpfen, kann eine Lactoseintoleranz vorliegen. Klären Sie die Symptome dann in jedem Fall mit Ihrem Kinderarzt ab. Er wird Ihnen dann die entsprechende Ersatznahrung empfehlen.

Diese Lebensmittel können Sie bei der Zubereitung des Breis problemlos verwenden:

- Obst, Gemüse und Kartoffeln
- Fisch, Fleisch und Eier
- Getreide
- Pflanzenöle
- Hülsenfrüchte
- Nüsse

Glutenunverträglichkeit/Zölliakie

Die wohl seltenste, aber auch heimtückischste Art der Unverträglichkeiten ist die sogenannte Zölliakie. Betroffene können unsere gängigen Getreidesorten Weizen, Dinkel, Roggen und Gerste nicht mehr verzehren. Auch Hafer wird nicht empfohlen, da er, obwohl er selbst glutenfrei ist, bei der Verarbeitung mit glutenhaltigem Getreide in Berührung kommen kann.

Die entscheidende Rolle spielt hierbei das sogenannte Klebeeiweiß Gluten, das in fast alles Getreidesorten vorkommt. Verzehren Betroffene Gluten, kann es – wenn es denn überhaupt bis in den Darm kommt- eine langfristige Schädigung der Darmschleimhaut verursachen. Der Darm ist entzündet und die Wirkung der Darmzotten nimmt ab. Somit werden vermindert Verdauungsenzyme ausgeschüttet und der Betroffene kann weitere Probleme bekommen.

Gerade bei Kleinkindern können auch Kurzatmigkeit, Blässe, Abgeschlagenheit, Appetitlosigkeit und ein aufgeschwemmter Bauch Symptome sein. Kinder sind oft reizbar und weinerlich, schlafen schlecht und sind demnach von ständiger Müdigkeit geplagt.

Mit einer Art Selbstschutz reagieren Zölliakie Patienten bei zugeführtem Gluten auch häufig mit Erbrechen. Bereits kleinste Mengen können in schwerwiegenden Fällen zu Symptomen führen. Tatsächlich löst Zölliakie bei den Betroffenen jedoch häufig auch eher untypische Symptome aus, sodass die Diagnose oft schwerfällt.

Da weder in der Muttermilch, noch in Pre-Nahrung Gluten enthalten ist, machen sich die Symptome meist erst beim Einführen der Beikost bemerkbar. Viele betroffene Babys reagieren aber erst drei bis sechs Monate nach dem ersten glutenhaltigen Brei auf das Klebeeiweiß. Häufig treten die Symptome erst Mitte bis Ende des erstens oder auch zu Beginn des zweitens Lebensjahres auf.

Sollten Sie eine Glutenunverträglichkeit vermuten, klären Sie die Symptomatik schnellstmöglich mit Ihrem Kinderarzt ab. Dieser kann mittels Bluttests eine Unverträglichkeit diagnostizieren und Ihnen einen passenden Diätplan für Ihren kleinen Schatz empfehlen. Achten Sie darauf, dass Sie Ihr Baby vor der anstehenden Untersuchung völlig normal, also glutenhaltig ernähren, da die Testergebnisse ansonsten verfälscht werden können.

Die folgenden Lebensmittel dürfen Sie im Brei Ihres Babys zubereiten. Achten Sie dabei aber stets darauf, dass Sie nach Bedarf überwiegend unverarbeitete Lebensmittel nutzen. Ein Blick auf die Zutatenliste lohnt sich aber immer, bis Sie und Ihr Baby eingespielt sind.

- Milchprodukte wie Joghurt, Quark, Käse, Butter und natürlich Milch
- Fleisch, Fisch und Eier
- Obst und Gemüse
- Kartoffeln, Reis, Hirse, Amaranth, Quinoa, Buchweizen, Mais, Johannisbrotmehl, Kastanienmehl, Soja
- Nüsse

Da Hafer, wie bereits erwähnt grundsätzlich glutenfrei ist, bieten gut sortierte Supermärkte oft auch glutenfreie Haferflocken an. Diese sind natürlich ebenfalls erlaubt, da Sie ohne Kontaminierung mit glutenhaltigem Getreide verarbeitet werden.

Darauf sollten Sie achten:

- Medikamente

Einigen Medikamenten werden bei der Verarbeitung glutenhaltige Hilfsstoffe zugesetzt. Im Zweifel sollten Sie Ihren Arzt oder Apotheker fragen.

- Zahnpasta

Tatsächlich ist auch in einigen Zahnpasten Gluten enthalten. Sprechen Sie hier mit Ihrem Kinderarzt oder Apotheker, damit auch hier nichts in den Verdauungstrakt Ihres Babys gelangt, was dort nicht sein sollte.

Fructose Intoleranz

Wie der Name schon sagt, haben Betroffene Probleme mit Fructose, also Fruchtzucker.

Problematisch hierbei ist der versteckte Zucker, denn anders als der Name vermuten lässt, befindet sich Fructose nicht nur in Obst. Auch bestimmte Gemüsesorten sind reich an Fruchtzucker, sodass beispielsweise Tomaten ebenso Beschwerden hervorrufen können.

Interessant für Sie ist erst einmal nur die sogenannte Hereditäre Fructose Intoleranz, denn diese bezieht sich ausschließlich auf Säuglinge. Bei einem von ca. 20.000 Neugeborenen ist eine Fructose Intoleranz angeboren. Die Stoffwechselstörung, welche durch einen Enzymdefekt ausgelöst wird, sorgt dafür, dass Fructose zwar teilweise vom Körper aufgenommen werden kann, aber nicht vollständig abgebaut wird.

Um die Problematik einer Fructose Unverträglichkeit vollends zu verstehen, hier einige Basics:

Die Grundversorgung unserer Zellen wird durch den Zucker Glucose gewährleistet. Kohlenhydrate werden vom Körper in diesen umgewandelt und wir gewinnen Energie. Kann die Fructose bei fructoseintoleranten Babys nicht abgebaut werden, geht sie ins Blut über und verdrängt die Glucose.

Die schwerwiegenden Folgen können Entwicklungs- und Wachstumsstörungen sein.

Sollten Sie beim Einführen der Beikost Probleme bemerken, sprechen Sie die Symptomatik umgehend mit Ihrem Kinderarzt ab, sodass eine entsprechende Diät eingeführt werden kann.

Wird die Intoleranz nicht frühzeitig erkannt und behandelt, können sich langfristig sekundäre Symptome, wie auch weitere Unverträglichkeiten entwickeln.

Langzeitfolgen können sein:

- Müdigkeit
- Kopfschmerzen
- Schwindel
- Reizbarkeit
- Haarausfall
- Infektanfälligkeit
- Nährstoffmangel

Da einige Menschen ausschließlich unter einer Fructose Sensitivität leiden, können Früchte mit einem geringen Fruchtzuckeranteil in Maßen verzehrt werden. Verzichten sollten Sie bei der Beikost Ihres Babys (sofern eine Fructose Intoleranz diagnostiziert wurde). in jedem Fall auf folgende Lebensmittel, da sie bekannt für ihren enorm hohen Fruchtzuckergehalt sind:

- Trauben
- Äpfel
- Birnen
- Mangos
- Trockenobst
- Fruchtsäfte
- Marmeladen

Histaminintoleranz

Milch enthält Lactose, Getreide enthält Gluten, Obst enthält Fructose. Das wissen die meisten. Aber worin ist eigentlich Histamin enthalten?

Über Histaminintoleranz wissen tatsächlich nur die Wenigsten Bescheid. Ein Mangel des Enzyms Diaminoxidase führt im menschlichen Körper zu einer schlechten Histamin Verwertung.

Oftmals ist die Krankheit angeboren, sodass bereits Babys die allergieähnlichen Symptome der Histaminintoleranz entdecken. Da es allerdings keine wirkliche Allergie ist, werden die Beschwerden als pseudoallergische Reaktion bezeichnet. Statistisch gesehen sind tendenziell mehr Frauen betroffen, wofür es aber keine nachgewiesene, medizinische Ursache gibt.

Histamin befindet sich hauptsächlich in Lebensmitteln, die besonders lange gelagert wurden. So sind beispielsweise

- Konserven, wie auch einige
- Käsesorten

besonders belastet.

Auch

- Wust Erzeugnisse und einige
- Obst- und Gemüsesorten, wie beispielsweise Spinat, Kiwi, Ananas, Tomaten und Avocado.

Wieder andere Lebensmittel sind zwar nicht selbst reich an Histamin, besitzen aber die Fähigkeit im Körper befindliches, natürliches Histamin freizusetzen. Diese Lebensmittel werden als Histamin-Liberatoren bezeichnet und sind beispielsweise Schokolade, Erdbeeren, wie auch verschiedene Schalentiere.

Eine Histaminintoleranz äußert sich an folgenden Symptomen:

- Kopf- und Gliederschmerzen
- Magen-Darm-Beschwerden
- Hautrötungen

Wenn eine Histamin Unverträglichkeit vermutet wird, steht der Weg zum Arzt an. Dieser kann durch Bluttests eine Intoleranz diagnostizieren.

Neben dem Bluttest wird in der Regel eine zusätzliche Eliminierungsdiät verordnet, bei der histaminhaltige Lebensmittel für die kommenden Wochen gänzlich vom Speiseplan gestrichen werden sollten. Verbessern sich die Beschwerden, ist es sinnvoll von nun an eine gänzlich histaminfreie Ernährung anzustreben.

Im steigenden Alter empfiehlt es sich dennoch, regelmäßige Tests durchzuführen, um nachzuweisen, ob sich die Sensitivität Ihres Kindes verändert hat.

Kapitel IV: Lebensmittelkunde

Brei aus dem Glas oder selber kochen?

Sobald Ihr Baby alt genug ist, um mit der Beikost zu starten, stellt sich bei vielen Eltern folgende Frage: Fertigen Brei kaufen oder doch lieber selbst machen?

Natürlich ist das Kaufen von fertigen Breien um einiges einfacher und auch Ihr Baby wird sich nicht beschweren. Gewürze und Fleischbrühe geben besonders den deftigen Mahlzeiten einen intensiven Geschmack.

Wer also erst einmal mit gekauften Gläschen angefangen hat, wird merken, dass die Umgewöhnung gar nicht so leicht ist. Haben Sie sich nicht auch schon einmal vorgenommen mit weniger Salz zu würzen? Schnell schmeckt das Essen fad. Zumindest bis sich der Körper an die

Umstellung gewöhnt hat. Sie werden die herrlichen Geschmäcker von den einzelnen Zutaten jetzt wieder viel intensiver wahrnehmen.

Ganz genauso wird es Ihrem Baby gehen. Doch mit etwas Geduld wird sich auch Ihr Schützling an Selbstgemachtes gewöhnen.

Doch lohnt sich der Aufwand überhaupt?

Die meisten Baby-Ratgeber sagen klar: JA! Denn der große Vorteil beim Selberkochen ist natürlich die Kontrolle darüber, was im Brei landet und was nicht. Besonders bei Unverträglichkeiten können Sie so besonders aufmerksam sein und bei anschließenden Beschwerden erahnen, was die Probleme verursacht.

Auch die Fleischqualität sollte immer im Vordergrund stehen, denn Produkte, die beispielsweise antibiotikabelastet sind, sollten auf keinen Fall im Brei Ihres Babys landen. Kaufen Sie fertige Gläser, ist es schwer nachvollziehbar woher das enthaltene Fleisch kommt und ob es beispielsweise biologisch ist. Beim selbst Zubereiten können sie auf Fleisch von regionalen Schlachtern oder Bauernhöfen zurückgreifen. Dort können sie sich oftmals Stallungen, Futter und den Zustand der Tiere anschauen und guten Gewissens frisches Fleisch kaufen.

Ihr Baby schläft tagsüber nur richtig, wenn Sie es

tragen oder Sie sind arbeitstechnisch eingespannt? Dass da nicht viel Zeit übrigbleibt, um auch noch selbst Brei zu kochen, ist klar. Für viele ist es schlichtweg nicht möglich. Und da liegt auch der große Nachteil im Selbstkochen, denn natürlich ist es aufwändiger, als einfach nur ein Gläschen aufzumachen. Wie wäre es dann mit einem Wechsel aus gekauftem und selbst zubereitetem Brei? Sie könnten hier beispielsweise einmal die Woche einige Breie vorbereiten, portionsweise einfrieren und nach Bedarf auftauen. Sollte einmal keine Zeit sein, können Sie dabei jederzeit auf gekauften Brei ausweichen.

Ein toller Vorteil beim Selberkochen ist die Geschmacksvielfalt. Denn abhängig von Reifegrad, Herkunft und Saison schmeckt jede Karotte, jede Kartoffel und jede Erbse ein bisschen anders. Auch Gardauer und die individuelle Menge jeder Zutat verändert den Geschmack des Breis immer wieder. Das trainiert den Geschmackssinn Ihres Babys und öffnet es gegenüber Neuem.

Auch der Nährstoff- und Vitamingehalt kann sich bei langer Lagerung verändern. Viele Breie werden länger gekocht, um möglichst alle Bakterien abzutöten. Auch wenn das natürlich von Vorteil ist, gehen dabei viele Nährstoffe kaputt und der Brei verliert an gesunden Inhaltsstoffen.

Schon einmal in den Geldbeutel geschaut, nachdem die ersten Wochen Brei kaufen ins Land gestrichen sind? Besonders Markenprodukte sind teuer und gehen mit der Zeit ins Geld. Frisches Obst und Gemüse sind in aller Regel recht günstig. Besonders saisonal und regional eingekauft, können Sie hier eine Menge Geld sparen.

Experten kritisieren zudem die teilweise unsinnigen Altersempfehlungen, denn einige Lebensmittel sind für ein zu junges Alter einfach noch nicht empfehlenswert. Haben Sie sich einmal aktiv mit der Lebensmittelkunde auseinandergesetzt, wissen Sie, was Ihr Baby in welchem Alter idealerweise zu sich nehmen sollte.

Das riesige Angebot an Breisorten kann zudem zu einer zu großen Lebensmittelvielfalt auf dem Teller Ihres Babys führen. Morgens dies, abends das und morgen wieder etwas Neues. Einige Babys sind mit dem Reichtum an Geschmäckern schnell überfordert. Sinnvoll ist hingegen ein eher langsames Ausweiten der Lebensmittel. So können Sie außerdem besser auf Nahrungsmittelunverträglichkeiten und Allergien achten.

Falls Sie trotzdem gekauften Brei bevorzugen

oder Sie aus Zeitgründen ganz einfach darauf angewiesen sind, ist das natürlich auch keine Schande. Lassen Sie sich von den Stimmen anderer Eltern nicht beirren, denn schließlich tut jedes Elternteil das, was es für richtig hält und gibt auch mit Sicherheit sein jeweilig Bestes.

Sollten Sie also zum gekauften Brei greifen, bedenken Sie stets folgende Dinge und beachten Sie diese beim Kauf:

- Weniger ist mehr. Bevorzugen Sie Breie mit übersichtlichen Zutaten. Das überfordert den Geschmack ihres Babys nicht und Sie selbst haben einen besseren Überblick darüber, was Ihr Baby mag, oder worauf es vielleicht sogar allergisch reagiert.

- Achten Sie darauf, dass dem gekauften Brei möglichst keine unnötigen Zusätze wie Zucker, Salz und Aromen zugesetzt sind. Auch natürliche Aromen gilt es zu vermeiden, da all dies das Geschmacksempfinden ihres Babys negativ beeinflussen kann.

- Verlassen Sie sich nicht auf die Altersangaben. Nicht jedes Baby entwickelt sich gleich schnell, sodass ein Kind mit etwas schwerer verdaulichen Lebensmitteln schlechter klarkommt als andere. Beschäftigen Sie sich mit der Lebensmittelkunde der Babyernährung, damit Sie die angegebenen Altersempfehlungen hinterfragen und somit selbst entscheiden können, was Sie kaufen möchten und was nicht.

- Wie auch beim Selbstkochen gilt auch bei gekauftem Brei: Nicht mehr als einmal Aufwärmen! Schafft ihr Baby noch kein ganzes Glas, entnehmen Sie die benötigte Menge mit einem sauberen Löffel und erwärmen Sie diese separat.

Welche Lebensmittel sind die Richtigen für mein Baby?

Zwischen Mythos und Wahrheit ranken sich

einige Empfehlungen darum, was ein Baby oder Kleinkind essen sollte und was auf keinen Fall. Besonders im Internet kursieren zahlreiche Gerüchte, was Kinder in jedem Fall vermeiden sollten.

Doch was ist denn jetzt Humbug und worauf sollte ich wirklich achten?

Ausgenommen von dieser Kunde sind Kinder mit Allergien und Nahrungsmittelunverträglichkeiten, da diese in der Regel eine spezielle Diät befolgen sollten. Sprechen Sie dafür mit Ihrem Kinderarzt oder Allergologe und klären Sie die individuelle Ernährung für ihr Baby fachmännisch ab.

Zeit, die Mythen aufzuklären:

Eier

JA! ABER NUR GEKOCHT

Sobald ihr Baby ein halbes Jahr alt ist, können Sie ihm ohne Bedenken gekochte Eier geben. Achten Sie allerdings darauf, dass es durchgekochte Eier sind.

Rohe Eier können Salmonellen enthalten, die beim Kind, wie auch beim Erwachsenen zu einer Lebensmittelvergiftung führen können. Da das Immunsystem des Babys aber noch nicht so stark ist, ist es hierfür anfälliger und die

Vergiftung kann gefährlichere Folgen haben, als beim gesunden Erwachsenen. Roher Kuchenteig, Tiramisu oder auch Mayonnaise sind demnach nicht für Kinder geeignet, aber das wären sie auch ohne rohes Ei nicht, oder?

Getreideprodukte (glutenhaltige Lebensmittel)

JA! ABER IN MAßEN!

Anders als viele Eltern annehmen, ist Getreide bereits während der Beikost erlaubt. Gries- oder Haferbrei ist daher ein beliebter Einsteigerbrei, da er oft mit Milch zubereitet wird und dem Baby daher vertraut erscheint. Dabei sollten Sie allerdings darauf achten, dass er in kleinen Mengen zugefüttert wird.

Hier sind Breis inbegriffen, die Gluten in Form von Weizen, Gerste, Dinkel, Roggen oder Weizen enthalten. Also beispielsweise Nudeln, Brot, Mehlprodukte, einige Müslis und auch Zwieback.

Kiwis

JA! AUFGEPASST BEI ALLERGIKERN

Grund für den Aberglauben, Kiwis seien nichts für kleine Kinder, ist die verhältnismäßig hohe Zahl der Allergiker. Da ein kleiner Prozentsatz aller

Menschen keine Kiwis vertragen, gehen viele davon aus, dass sie nichts für den kleinen Magen eines Babys sind.

Ein zusätzlicher Annahmepunkt bringt die steigenden Zahlen der Allergiker. Die Symptome können bei Kleinkindern außerdem verhältnismäßig stark ausfallen.

Nüsse

JA! ABER NUR GEMAHLEN ODER ALS MUS

Ähnlich wie bei der Kiwi ist auch die Nuss mit den Symptomen von Allergikern behaftet. Doch hier besteht bei kleinen Kindern zusätzlich noch eine Erstickungserfahr, da die harte Nuss natürlich nicht gekaut werden kann.

Greifen Sie stattdessen auf gemahlene Nüsse oder Nuss Mus (keine Nussbutter) zurück, damit die Nährstoffe der Nuss auch verwertet werden können. Geeignet für die Beikost sind Nussprodukte ab einem Kindesalter von 6 Monaten, sofern keine Allergien in der Familie bekannt sind. Da Unverträglichkeiten gegen Nüsse mit gravierenden Symptomen auftreten können, sollten Sie das Thema bei Ihrem Arzt ansprechen, wenn eine Allergie in der Familie bekannt ist. Ebenso kann Ihr Baby anfälliger für eine solche Allergie sein, wenn Geschwister, Eltern oder Großeltern der Eltern an Allergien wie Heuschnupfen, Asthma oder Neurodermitis leiden.

Sobald das Allergen mit Ihrem Arzt abgesprochen ist, ist es dennoch sinnvoll, es in kleinen Mengen „auszuprobieren" da ein präventiver Verzicht sich negativ auf die Toleranz Ihres Kindes auswirken kann.

Sojaprodukte

NEIN!

Sojabohnen sind bekannt für die enthaltenen hormonähnlichen Pflanzenstoffe, die wie körpereigene Östrogene im System wirken können. Da ein solcher Hormoneinfluss im Kleinkindalter stärkere Auswirkungen haben kann, als beim Erwachsenen, sollten Sie bei der Zubereitung oder dem Kauf darauf achten, dass keine Sojaprodukte enthalten oder verarbeitet sind.

Ein weiteres Argument gegen die zu frühe Zufütterung von Sojaprodukten ist die Kreuzverbindung zwischen einer Kuhmilchallergie und einer Sojaallergie. Tatsächlich reagieren viele Kinder, die keine

Kuhmilch vertragen auch allergisch auf Sojaprodukte. Da die Symptome Durchfall, Erbrechen, Magenkrämpfe, Hautausschlag und Atemprobleme denen der Milcheiweißallergie ähneln, kann der Auslöser Soja lange unentdeckt bleiben.

Fisch

JA! ABER NUR GEGART

Auch Fisch ist in vielen Foren schwer umstritten. Dabei gibt es ebenso Hinweise darauf, dass der Verzehr von Fisch besonders im ersten Lebensjahr einen schützenden Effekt auf die Entwicklung verschiedener Allergien haben kann.

Dass Fisch allgemein schlecht für Ihr Baby ist, ist also falsch. Es geht dabei viel mehr um Meeresfrüchte, die roh verzehrt werden. So können beispielsweise Austern eine Lebensmittelvergiftung auslösen. Auch größere Meeresbewohner, wie Schwert,- Thun- und Haifisch haben den Ruf erhöhte Quecksilberwerte zu haben. Da sich das Schwermetall negativ auf die Entwicklung des Nervensystems von Kleinkindern auswirken kann, sollten Sie hiervon lieber die Finger lassen.

Sehr empfehlenswert ist jedoch fettiger Fisch, wie beispielsweise Wildlachs, Kabeljau oder

Forelle. Dieser wird aufgrund seiner vielen Omega-3-Fettsäuren empfohlen und kann ein Bestandteil einer ausgewogenen Ernährung sein. Im Idealfall sollten Sie dabei auf frischen, gedünsteten Fisch zurückgreifen.

Säfte und Softdrinks

JA! ABER NUR VERDÜNNT

Dass Softdrinks, wie Cola, Limonade und andere kohlensäurehaltige Getränke Nichts für ein Kleinkind sind, sollte klar sein.

Aber auch fertige Fruchtsäfte enthalten oft unnötig viel Zucker und davon kann Ihr Baby Karies in den Milchzähnen und Durchfall bekommen. Ebenso kann Ihr Baby den Appetit an richtigen Mahlzeiten verlieren, wenn es viel „Flüssignahrung" in Form von Fruchtsäften bekommt.

Im Idealfall sollten Sie Säfte demnach selbst pressen oder auf Direktsaft aus dem Supermarkt zurückgreifen. Fruchtnektar ist tabu. Geben Sie außerdem immer zehn Teile Wasser auf einen Teil Saft. Um den oben genannten Effekt zu vermeiden, sollten Sie verdünnte Säfte nur zu den Mahlzeiten reichen. Dazwischen ist Wasser die bessere Wahl.

Honig

NEIN! ES KÖNNEN BAKTERIEN ENTHALTEN SEIN

Auch wenn Honig einen besseren Ruf als Zucker hat, steckt in ihm doch nicht viel mehr. Einmal damit angefangen, kann dies den süßen Zahn Ihres Babys wecken.

Da Honig ein Naturprodukt ist, können außerdem Bakterien enthalten sein, die den empfindlichen Darm Ihres Babys angreifen und im schlimmsten Fall zum sogenannten Säugling-Botulismus führen können, welcher eine bakterielle Lebensmittelvergiftung ist. Daher lieber vermeiden!

Sesam

JA! AUFGEPASST BEI ALLERGIKERN

Da die Verarbeitung von Sesam und Sesamprodukten, wie beispielsweise Tahin in der europäischen Küche zunimmt, erkennen immer mehr Menschen eine Allergie gegen die orientalische Saat.

Falls Ihnen eine Allergie im näheren Verwandtenkreis bekannt ist, sollten Sie den

Verzehr von Sesam also mit ihrem Kinderarzt absprechen, damit eine Allergie bei Ihrem Baby ausgeschlossen werden kann.

Tee

JA! ABER NUR UNGESÜẞTE KRÄUTER- UND FRÜCHTETEES

Viele Babys bekommen zwischen den Mahlzeiten Tee zu trinken. Warum steht dieser also im Verdacht schlecht für Ihren Nachwuchs zu sein?

Gemeint ist dabei allerdings ausschließlich Schwarzer, grüner und auch Matetee, denn diese Teesorten können die Eisenaufnahme während der Mahlzeiten behindern. Auch das enthaltene Koffein ist nichts, was ein Baby bekommen sollte. Falls Sie Ihrem Baby also Tee geben möchten, nutzen Sie Kräuter- oder ungezuckerten Früchtetee ohne Aromen. Achten Sie darauf, dass er abgekühlt und ohne zugesetzte Süße gegeben wird.

Ballaststoffreiche Lebensmittel

NEIN! ES VERHINDERT DIE NÄHRSTOFFZUFUHR

Uns Erwachsenen wird stets empfohlen,

ballaststoffreich zu essen, damit die Verdauung in Schwung bleibt und wir regelmäßig das „stille Örtchen" aufsuchen können.

Ihr Baby hat dies allerdings nicht nötig. Ganz im Gegenteil, denn zu viele Ballaststoffe sättigen die Kleinen frühzeitig und verhindern so die ausreichende Aufnahme von Vitaminen und Mineralstoffen. Achten Sie also darauf, dass die Ernährung Ihres Babys größtenteils aus Gemüse besteht.

Käse und andere Milchprodukte

NEIN!

Milchprodukte sind reich an Kalzium und gut für die Knochen. Aber erst ab dem Kleinkindalter (1 Jahr). Auch wenn die erste Nahrung ihres Babys Muttermilch oder Pre-Nahrung ist, sollten Sie auf Lebensmittel wie Käse, Quark oder Joghurt aber vorerst verzichten.

Himbeeren und Erdbeeren

JA! AUFGEPASST BEI ALLERGIKERN

Obstbrei wird Ihrem Baby schmecken. Himbeeren und Erdbeeren sind aber besonders in den ersten sechs Monaten stark umstritten.

Grund dafür ist die vermehrte Anzahl an allergischen Reaktionen, die Kinder auf Himbeeren und Erdbeeren haben können.

Auch wenn die Symptome einer Allergie recht mild ausfallen, sollten Sie der Empfehlung nachgehen und die ersten sechs Lebensmonate Ihres Babys auf diese Früchte verzichten.

Zitrusfrüchte

JA!

Besonders Orangen, Zitronen und Limetten sind bekannt für ihren enormen Vitamin-C-Gehalt. Dennoch sollten Sie aufgrund der enthaltenen Säure bis zum sechsten Monat mit Zitrusfrüchten warten.

Hülsenfrüchte

NEIN!

Hülsenfrüchte, wie Bohnen, Erbsen oder Linsen sind bekannt für ihre blähende Wirkung. Da der Verdauungstrakt Ihres Babys noch sehr empfindlich ist, kann dies zu schmerzhaften Krämpfen und Blähungen führen.

Salz

NEIN!

Nicht einmal uns Erwachsenen tut ein übermäßiger Salzkonsum gut. In Babybrei hat er deshalb erst recht nichts verloren. Da die Organe im kleinen Körper noch empfindlich sind, kann ein hoher Salzkonsum (schon in kleinen Mengen) zu Problemen führen. Außerdem sollte Ihr Baby die Möglichkeit bekommen, die verschiedenen Geschmäcker unverfälscht kennenzulernen.

Da jedoch eine winzige Menge Salz essentiell für den Körper ist, können Sie beispielsweise Nudeln oder Kartoffeln in leicht gesalzenem Wasser kochen. Schon diese Dosis genügt, um den Salzbedarf Ihres Babys zu decken.

Kann ich mein Kind vegan oder vegetarisch ernähren?

Die Themen Vegetarismus und Veganismus bekommen bei uns immer mehr Aufmerksamkeit. Massentierhaltung, Antibiotika und ein Leben, das kein Lebewesen verdient, bringen immer mehr Menschen zum Umdenken.

Andere Menschen verzichten weniger aus ethischen Gründen, sondern viel mehr aus der Liebe zur Umwelt auf tierische Produkte, denn die Produktion von Fleisch benötigt Unmengen Wasser, Fläche und treibt den CO^2-Ausstoß in die Unendlichkeit.

Doch die Gründe sind erst einmal völlig egal, denn viele betroffene Eltern fragen sich bei der Kinderplanung, ob sie Ihr Baby auch fleischlos oder völlig ohne tierische Produkte ernähren können.

Die Empfehlungen von Experten waren bis vor einigen Jahren sehr deutlich. Um die optimale Entwicklung des Kindes zu unterstützen, sei eine ausgewogene Mischkost erforderlich – und diese enthält nun einmal Fleisch.

Da jedoch immer mehr Fragen von Vegetariern und Veganern bezüglich der Ernährung ihrer Kinder kamen, war es Zeit für eine nähere Auseinandersetzung, denn so richtig erforscht wurde die Thematik vorher nie. Mittlerweile sind Alternativen bekannt, die jedoch bis heute nicht in der Praxis erforscht wurden. Wichtig ist demnach vor allem ein Gespräch mit dem behandelnden Kinderarzt und einige Punkte, die es bei einer überwiegend pflanzlichen Ernährung zu beachten gilt.

Eisen

Bereits während der Schwangerschaft leiden

vermehrt Vegetarierinnen und Veganerinnen an einem mehr oder minder stark ausgeprägtem Eisenmangel. Grund dafür ist natürlich das Baby im Bauch, dessen Eisenspeicher angelegt und gefüllt werden müssen. Da Eisen jedoch vorwiegend in tierischen Produkten, wie Rindfleisch oder auch Leber vorkommt, sind fleischlos lebende Frauen oft anfälliger für einen Eisenmangel.

Achten Sie demnach auf eisenhaltige Alternativen oder nehmen Sie Nahrungsergänzungsmittel zu sich, um den Eisenbedarf zu decken.

Besonders Hülsenfrüchte, Getreide, aber auch Petersilie sind bekannt für ihren hohen Eisengehalt. Achten Sie darauf, eisenreiche Produkte immer mit einem Vitamin-C-Lieferanten zu sich zu nehmen, da ansonsten die Eisenaufnahme gehemmt sein kann. Das gilt auch für Ihren Nachkömmling, denn besonders während des zweiten Lebensjahres benötigt er so viel Eisen, wie zu keiner anderen Zeit.

Empfohlen wird dann ein Gemüse-Getreide-Brei, dem zusätzlich etwas Fruchtmus beigefügt wird. Das nötige Eisen kommt so aus dem Getreide und kann dank des hohen Vitamin-C-Gehalts ideal vom Körper verarbeitet werden.

Doch nicht nur Eisen ist ein problematisches

Thema, wenn es um eine fleischlose Ernährung geht. Grundsätzlich gilt: Je mehr Lebensmittel vom Speiseplan Ihres Babys verbannt werden, desto höher ist die Gefahr für einen Nährstoffmangel.

So sind vegan lebende Menschen in Gefahr einen Jod-, Zink- und/oder Vitamin B12 Mangel zu bekommen. Natürlich kann eine vegane Ernährung auch bei Babys und Kleinkindern funktionieren, jedoch ist eine zusätzliche Supplementierung unerlässlich, wenn ein Mangel an verschieden Nährstoffen vermieden werden soll.

Ist es sinnvoll, biologische Lebensmittel für den Brei zu wählen?

Biogemüse-, Obst und Fleisch sind selbstverständlich für die Beikost Ihres Babys empfohlen. In der Regel sind Lebensmittel teurer, sobald sie als biologisch gekennzeichnet sind. Doch was bedeutet „bio" eigentlich genau?

Anders als viele vermuten würden, steckt hinter biologischem Anbau und Haltung viel mehr, als nur weniger Chemie. Das Ganze unterstützt ebenso Nachhaltigkeit und somit den Schutz unseres Planeten. Ökologische Landwirtschaft basiert auf drei Säulen: Ökologie, Ökonomie und Soziales. So ist beispielsweise die Erhaltung von bewirtschafteten Flächen ein Grundsatz. Auch nachkommende Generationen sollen noch Nutzen an einer bereits beackerten Fläche haben.

Ebenso unterliegen biologischen Lebensmittel einer strengeren Rechtslage. Die gesetzlichen Rahmenbedingungen und regelmäßige Kontrollen von verschiedenen Instituten gehören zum „täglich Brot" eines biologischen Betriebs.

Die Dachorganisation „Internationale Vereinigung der ökologischen Landbaubewegung", kurz IFOAM, hat Prinzipien entwickelt, unter denen jede biologische Landwirtschaft arbeiten sollte. Sie ist die Basis für Entwicklung und Wachstum der Wirtschaft.

Gesundheit

Anders als bei einer konventionellen Wirtschaft, ist bei der biologischen ein Rundumdenken für alle involvierten Parteien von Interesse. Die Gesundheit des Menschen steht auf demselben Level wie die von Tier, Erde und Pflanzen. Der gesamte Planet wird als großes Ganzes gesehen und umsorgt.

Gerechtigkeit

Ökologische Landwirtschaft basiert auf Beziehung. Dabei sollte es nicht um Konkurrenz, sondern um Gerechtigkeit und Chancengleichheit gehen. Die gemeinsame Umwelt steht dabei vor dem jeweiligen Umsatz.

Ökologie

In einer biologischen Landwirtschaft geht es um eine lebendige Erde, die auf einem Kreislauf aufbaut und in Symbiose mit diesem lebt.

Respekt

Jedes Lebewesen hat ein Leben verdient, das ihm gerecht wird. So stellen eine artgerechte Ernährung und Haltung das Maß aller Dinge dar, besonders wenn es um Tiere geht.

Auch die natürlichen Kreisläufe unserer Erde werden berücksichtigt und nicht manipuliert.

Hier noch einmal die Grundprinzipien einer biologischen Landwirtschaft:

- Artgerechte Tierhaltung

- Natürliche und hofeigene Fütterungsmittel
- Kein vorbeugender Einsatz von Antibiotika
- Kein Einsatz von chemisch-synthetischem Dünger oder Insektiziden
- Keine genetisch modifizierten Organismen (Züchtung)
- Keine künstlichen Zusätze wie Geschmacksverstärker, künstliche Aromen oder Farb- und Süßstoffe
- Starke Einschränkung bei der Verwendung von Zusatzstoffen

Sind Ihnen diese Grundsätze wichtig, kann es sinnvoll sein auf Biokost umzusteigen. Das gilt hierbei aber für die ganze Familie.

Warum es sinnvoll ist Bio-Lebensmittel fürs Baby zu kaufen, erfahren Sie hier:

Durchschnittlich nimmt ein mittelaltes Baby etwa 1000g Nahrung zu sich. Je größer der Anteil ist, der aus Brei kommt, desto höher die Schadstoffbelastung durch Pestizide,

Düngemittel, Antibiotika usw. Um diese Menge einmal in Relation zu betrachten: Diese 1000g Nahrung entsprächen einer Menge von 12kg Nahrung, die eine durchschnittliche erwachsene Person pro Tag zu sich nehmen müsste. Demnach ist die Belastung durch Zusatzstoffe im Essen beim Baby um einiges höher als die, die ein erwachsener Mensch täglich zu sich nimmt.

Dazu ist das Immunsystem noch lange nicht so ausgereift, wie das eines Erwachsenen. Die Organe sind zu diesem Zeitpunkt noch deutlich anfälliger für Schädigungen durch Schadstoffe. Besonders antibiotikabelastetes Fleisch kann für den kleinen Körper zur Tortur werden. In Folge dessen kann schlimmstenfalls eine Antibiotikaresistenz eintreten, da durch die regelmäßige Zufuhr keine Wirkung mehr eintreten kann.

Doch nicht nur §schlechtes" Fleisch ist schädlich für das zarte Baby. Denn auch wenn Getreide, Obst und Gemüse nicht ganz so stark belastet sind, wie beispielsweise Fleisch aus konventioneller Haltung, sind diese Lebensmittel die Hauptbestandteile des Breis. Ein Cocktail aus antibiotikabelastetem Fleisch, pestizidverseuchtem Gemüse und gedüngtem Getreide sollte kein Lebewesen zu sich nehmen. Besonders in so jungem Alter.

Auch gekaufter Brei aus dem Glas wird mittlerweile von jedem gut sortierten Supermarkt in Bio-Qualität angeboten. Achten Sie beim Kauf auf das verifizierte EG-Öko Biosiegel auf dem Etikett.

Saisonal und regional besser als „bio"?

Gerade die ökonomischen Standpunkte des Bio-Siegels scheinen fragwürdig, sobald das Lebensmittel einmal über den Globus geschifft wurde. Auch der Vitamin- und Nährstoffgehalt ist besonders bei Obst und Gemüse frisch geerntet am höchsten. Beispielsweise Bananen werden grün geerntet, damit sie während des langen Transports nicht verderben. Dass dabei eine Vielzahl der guten Inhaltsstoffe „Flöten gehen" ist völlig klar.

Haben Sie also die Möglichkeit, regional und saisonal einzukaufen, bevorzugen Sie stets diese Lebensmittel. Falls diese zusätzlich in Bio-Qualität verfügbar sind, ist das natürlich ihr persönlicher Jackpot. Aber auch ohne Bio-Siegel sollten sie regionale Produkte jenen vorziehen, die einen langen Transportweg hinter sich haben.

Vielleicht haben Sie sogar einen Hof in der Nähe, der zum Beispiel Äpfel zum selbst sammeln und pflücken anbietet. Das ist nicht nur nachhaltiger, sondern kann auch ein schöner Familienausflug für ältere Kinder sein.

Damit Sie von nun an einen Überblick darüber haben, welche Lebensmittel wir in Deutschland zu welcher Zeit Saison haben, finden Sie anschließend einen Kalender, den Sie das ganze Jahr über zu Rate ziehen können.

Saisonkalender regionaler Lebensmittel

Januar	Februar	März	April
Feldsalat	Feldsalat	Bärlauch	Feldsalat
Lauch	Bärlauch	Lauch	Radieschen
Brokkoli	Lauch	Brokkoli	Spinat
Bärlauch	Grünkohl		
	Rosenkohl		

Mai	Juni	Juli	August
Feldsalat	Blumenkohl	Blumenkohl	Blumenkohl
Kopfsalat	Kürbis	Kürbis	Gurke
Mangold	Feldsalat	Feldsalat	Zucchini
Radieschen	Zucchini	Kohlrabi	Karotte
Spinat	Kohlrabi	Zwiebel	Paprika
	Zwiebel	Spinat	Grünkohl
	Kopfsalat	Gurke	Kopfsalat
		Tomate	Kürbis
		Radieschen	Tomate
		Zucchini	Kohlrabi
			Zwiebel

September	Oktober	November	Dezember
Gurke	Brokkoli	Brokkoli	Brokkoli
Kopfsalat	Zucchini	Pastinake	Pastinake
Karotte	Feldsalat	Feldsalat	Feldsalat
Zucchini	Erbse	Radieschen	Radieschen
Kürbis	Grünkohl	Kohl	Kohl
Erbse	Paprika	Steckrübe	Steckrübe
Zwiebel	Karotte	Lauch	Lauch
Tomate	Pastinake		
	Kürbis		
	Lauch		
	Kopfsalat		

Welches Lebensmittel darf ich meinem Baby ab wann geben?

Ab dem 6. Lebensmonat

Nun wird es langsam Zeit mit dem ersten Brei zu starten. Die Nährstoffe der Muttermilch reichen nun nicht mehr aus, um das Baby zu sättigen und ihm alles zu geben was es benötigt. Beachten Sie bitte immer, dass es sich hierbei lediglich um grobe Richtlinien handelt. Braucht ihr Baby etwas länger oder verlangt es schneller nach „mehr", ist das auch völlig normal. Kein Kind entwickelt sich gleich schnell. Sollten Sie sich dennoch Sorgen aufgrund einer stärkeren Abweichung machen, klären Sie diese zur Sicherheit immer mit Ihrem Arzt ab.

Beginnen sollten Sie nun mit Obst- und Gemüsebreien. Es bietet sich an, vorerst mit der Einführung des Mittagsbreis zu starten. Hier einige Sorten, die sich in diesem Lebensmonat gut eignen:

- Karotte
- Zucchini
- Fenchel
- Spinat
- Pastinake
- Kürbis

- Rote Beete
- Brokkoli
- Kohlrabi
- Birne
- Apfel
- Banane

Ein Tag im 7. Monat kann dann beispielsweise so aussehen:

Morgens	1 Fläschchen oder die Brust (ca. 200ml)
Mittags	Gemüse oder Obstbrei
Nachmittags	1 Fläschchen oder die Brust (ca. 200ml)
Abends	1 Fläschchen oder die Brust (ca. 200ml)

Ab dem 7. Lebensmonat

Ihr Baby konnte sich langsam an die Beikost gewöhnen und ist nun bereit für täglich zwei bis drei Breimahlzeiten. Außerdem kann nun Fleisch und Getreide in geringen Mengen eingeführt werden. Achten Sie von nun an auch vermehrt darauf, zu jeder Mahlzeit Tee, Wasser oder verdünnten Saft anzubieten. Ist der Stuhl Ihres Babys täglich weich, machen Sie alles richtig. Bei einer härteren Konsistenz sollten Sie die Flüssigkeitszufuhr dringend erhöhen.

Ein Tag im **7. Monat** kann dann beispielsweise so aussehen:

Morgens	1 Fläschchen oder die Brust (ca. 200ml)
Mittags	Gemüse-Kartoffel-Brei 3-6 Mal die Woche mit Fleisch oder Fisch (ca. 190g im Idealfall mit rund 150kcal)
Nachmittags	1 Fläschchen oder die Brust (ca. 200ml)
Abends	Milchgetreidebrei (ca. 200g)

8.-10. Lebensmonat

Ihr habt es nun schon weit geschafft, denn tatsächlich ist Ihr Baby nun soweit, den Brei etwas stückiger zu sich zu nehmen. Falls Ihr Kleines von der neuen Konsistenz aber weniger begeistert ist, können Sie auch weiterhin fein pürierte Breie anbieten. Von nun an empfiehlt sich übrigens auch die langsame Heranführung des Babys an die Familienküche. So können Sie Ihrem Kleinen beispielsweise einen Babykeks oder Zwieback geben, auf dem es etwas herumlutschen kann, während die restliche Familie ihre Mahlzeit einnimmt. Achten Sie jedoch darauf, dass es zu keinem stundenlangen Prozedere wird, da die enthaltenen Kohlenhydrate auf Dauer die Zähne angreifen können.

Ein Tag im **8. Monat** kann dann beispielsweise so aussehen:

Morgens	1 Fläschchen oder die Brust (ca.200ml)
Mittags	Gemüse-Stärke-Brei; 3-4 Mal die Woche Fleisch oder Fisch (ca. 220g im Idealfall mit rund 160kcal
Nachmittags	Obst-Getreide-Brei (ca. 220g)
Abends	Milchbrei (ca. 220g)

Ab dem 10. Lebensmonat

Langsam wird es für alle etwas leichter, denn von nun an wird sich Ihr Baby immer mehr für das Essen am Tisch interessieren. Es durfte bisher Babykekse, Zwieback und hin und wieder etwas Brot zu sich nehmen. Zu den täglichen Gemüsegläschen können nun langsam leicht gesalzene Pellkartoffeln serviert werden. Im besten Fall natürlich in Bioqualität.

Ein Tag im **10. Monat** kann dann beispielsweise so aussehen:

Morgens	1 Fläschchen oder die Brust (ca.200ml)
Vormittags	Obst-Getreide-Brei Alternativ frisches Obst, Vollkornkekse, Butterbrot oder Zwieback (ca. 100g) <u>Verzichten Sie in diesem Alter bitte noch auf</u> Wurst.

	Auch Milchbrei kann nun langsam angeboten werden. Behalten Sie aber im Hinterkopf, dass es sich bei Joghurt-Milchbrei, Quarktöpfchen und Co. um Ausnahmen handeln sollten. Da Joghurt und Quark im ersten Jahr nicht gefüttert werden sollten haben Sie einfach noch keinen festen Platz im Speiseplan.
Mittags	Kartoffel-Gemüse-Brei mit Fleisch (ca. 220g)
Nachmittags	Obst, Snacks, Babykekse
Abends	½ - 1 Scheibe Brot und 1 Flasche oder die Brust

Beikostplan

Nachdem das Baby zunächst nur Milch kennt, startet es irgendwann mit der Beikost und nach wenigen Monaten sitzt es dann letztendlich am

Tisch und isst beim Familienessen mit. Mit dem nachfolgenden Beikostplan sehen Sie, wie Sie Ihr Baby gesund und Schritt-für-Schritt an die Beikost gewöhnen. Der Plan richtet sich nach den aktuellen Handlungsempfehlungen der Bundeszentrale für gesundheitliche Aufklärung.

Wenn Sie mit der Beikost starten, empfiehlt es sich, diesen Schritt zunächst mit Ihrer Hebamme oder Ihrem Kinderarzt abzusprechen. Der nachfolgende Beikostplan soll Ihnen helfen und grobe Orientierungswerte vermitteln.

	5. Mo.	6. Mo.	7. Mo.	8. Mo.	9. Mo.	10. Mo.	11. Mo.	12. Mo.
Morgens	🍼	🍼	🍼	🍼	🍼	🍼	🍼	🍼
Mittags	🍼	🥣	🥣	🥣	🥣	🥣	🥣	🥣
Nachmittags	🍼	🍼	🥣	🥣	🥣	🥣	🍎	🍎
Abend	🍼	🍼	🍼	🥣	🥣	🥣	🥣	🥣

Legende:

 Muttermilch/ Pre Nahrung

Mittagsbrei

Nachmittagsbrei

Obst

Abendbrei

In den ersten fünf Monaten sollte nur Muttermilch (oder alternativ Pre Nahrung) gegeben werden. In beiden Varianten sind alle wichtigen Nährstoffe enthalten, sodass Ihr Kind keine zusätzliche Nahrung benötigt. Ab dem 6. Monat benötigt Ihr Kind aber vor allem zusätzlich Eisen, was nicht ausschließlich über die Muttermilch aufgefüllt werden kann. Das ist aber nicht schlimm, denn Sie können auch beruhigt weiter stillen, falls Sie das möchten. Es kommen nun lediglich neue Lebensmittel dazu, die für eine ausgewogene und vollständige Ernährung sorgen sollen.

Ernährungsexperten empfehlen zunächst zum Mittag mit einem milden Gemüse-Brei wie Pastinake oder Möhre zu starten. Nach einer Woche werden dann Kartoffeln hinzugefügt und nach einer weiteren Woche kann Fisch oder Fleisch auf den Speiseplan kommen. Im ersten Monat der Beikost sollte also zunächst nur der Mittagsbrei ersetzt werden. Danach (also ab dem 7. Lebensmonat) kann dann auch die Abendmahlzeit mit einem Brei ersetzt werden.

Neben den vier aufgeführten Mahlzeiten können Sie auch eine fünfte Mahlzeit vormittags anbieten. Hier macht man von Monat 5 bis Monat 10 mit Muttermilch/Pre Nahrung nichts verkehrt, ab dem 10. Monat könnte man allerdings auch vormittags auf Obstsnacks, wie bspw. Banane oder Birne umsteigen. Nach dem 12. Monat können Sie die flüssige Nahrung nach und nach durch Brei, Gemüse/Obst und Brotmahlzeiten ersetzen.

So viel Nahrung benötigt Ihr Baby

Im ersten Lebensjahr macht Ihr Kind starke Entwicklunsschübe durch. Daher benötigt es auch viele Nährstoffe. Für Stillkinder gibt es die Faustregel: 150 ml pro Kilo Körpergewicht. Wenn Ihr Schatz also beispielsweise 5 kg wiegt, sollten Sie darauf achten, dass er oder sie ca. 750 ml zu sich nimmt. Diese Maßgabe ist allerdings wirklich nur als Orientierungshilfe gedacht und für das zweite Lebensjahr sieht es schon anders aus. Sie als Eltern kennen Ihr Baby am besten und können die Zeichen am besten lesen. Denn Ihr Kind weiß instinktiv, wann es Zeit ist zu essen und wie viel es wirklich benötigt. Dementsprechend wichtig ist, Ihrem Baby diese Möglichkeit auch zu überlassen. Es sollte folglich nicht dazu gedrängt werden, mehr zu essen, wenn es satt ist und gleichzeitig sollte das Essen/das Fläschchen nicht schon entzogen werden, weil man denkt, dass das Baby schon satt ist. Studien haben gezeigt, dass eine zu große Reglementierung im Säuglings- und Kleinkindalter dazu führen kann, dass das Kind später das Gefühl für sich selbst verliert und nicht erkennen kann, wann es wirklich Hunger hat.

Grob überschlagen nimmt Ihr Kind vom 6. bis zum 12. Lebensmonat ca. 100 Gramm pro Woche zu. Wie viel Nahrung nun ideal ist, kann pauschal gar nicht beantwortet werden, da es von vielen Faktoren abhängt: wie agil und aktiv ist Ihr Kind? Wie groß ist der Appetit? Wie beweglich ist es? Jedes Kind hat aufgrund der unterschiedlichen Physis auch einen unterschiedlich hohen Energiebedarf. Dementsprechend ist es auch nicht ratsam, sich allzu sehr an Richtmengen zu orientieren. Für eine grobe Orientierung kann man jedoch folgende Mengen ansetzen:

- 6. – 7. Lebensmonat: ca. 190g pro Mahlzeit
- 8. – 10. Lebensmonat: ca. 220g pro Mahlzeit
- Ab dem 11./12. Lebensmonat: 220 – 250g pro Mahlzeit

Kapitel V: Rezepte

Brei selber zubereiten macht jede Menge Spaß und ist in den meisten Fällen sehr leicht zu machen. Hier finden Sie einige Rezeptvorschläge, die Sie entsprechend des Alters ihres Babys zubereiten können.

Die Zutatenangaben sind jeweils für durchschnittlich eine Portion ausgelegt. Wie bereits erwähnt, sollten Sie sich aber nicht verunsichern lassen, wenn ihr Kleines mal früher satt ist. Besonders zu Beginn der Beikost muss sich das Baby erst einmal an die neue Koordination und vor allem auch an die neuen Geschmäcker gewöhnen.

Brei lässt sich außerdem wunderbar in größeren Mengen zubereiten. Sie können die Portionen demnach einfach hochrechnen und die größere Menge entweder für höchstens 2-3 Tage im Kühlschrank aufbewahren oder den Brei portionsweise einfrieren. Achten Sie allerdings darauf, eine Portion nur einmal zu erwärmen. Auch ein wiedereinfrieren ist nicht möglich. Diese Richtlinien sollten Sie übrigens auch bei gekauftem Brei aus dem Glas befolgen.

Sollten Sie den Brei auf Vorrat kochen, sollten sie zugefügtes Öl erst beim Servieren der jeweiligen Portion einrühren.

Hier noch einmal alles, worauf Sie achten sollten:

- Brei darf nur einmal Eingefroren und auch nur einmal erwärmt werden.

- Achten Sie darauf, zugefügtes Öl immer erst beim Servieren in den Brei einzurühren.

- Der Brei ihres Babys hält sich (einmal geöffnet bei Gläschen) rund 2-3 Tage im Kühlschrank.

- Denken Sie immer daran: Eine Portion ist nur eine grobe Richtlinie, die sich daran bemisst, was Babys im entsprechenden Alter durchschnittlich essen. Ist ihr Schützling nach wenigen Löffelchen satt, geben Sie einfach etwas mehr Milch.

Gesunde Rezepte zum Nachmachen – gesund und einfach selber kochen

Eines vorab: Die optimale Ernährung für Ihren Säugling ist Muttermilch. In der Muttermilch sind alle wichtigen Nährstoffe enthalten und sie stärkt das Immunsystem. Zudem hat sie immer die richtige Temperatur und ist immer und überall verfügbar. Die nach den Richtlinien der Europäischen Union bezeichnete Säuglingsnahrung stellt die einzige Alternative dar, sofern Stillen nicht möglich oder gewünscht ist.

Sollten Sie sich dafür entscheiden, mit Beikost zu beginnen, ist es dringend empfohlen, diesen Schritt vorab mit Ihrer Hebamme abzusprechen.

Aller Anfang ist schwer

Die Einführung von Beikost ist für alle Beteiligten

neu und spannend. Mit dem Löffel zu essen muss erst einmal gelernt werden und auch die neuen Konsistenzen und Geschmäcker müssen erprobt werden, denn Ihr Baby kennt ja bislang nur die flüssige Milch, die es nicht kauen musste. Dass Sie dieses Buch gekauft haben und sich nun informieren möchten, wie Sie diese Zeit gemeinsam meistern, ist Beweis genug, dass Sie Ihren Schatz bestmöglich unterstützen möchten. Mit den folgenden Breis gebe ich Ihnen ein paar tolle, aber einfache Rezepte mit an die Hand, mit denen Sie schnell und gesund für Ihr Baby kochen können.

Frühstücksbreis

Für morgens wird grundsätzlich empfohlen, möglichst lange eine Stillmahlzeit anzubieten (oder Pre-Nahrung für den entsprechenden Lebensmonat).

Wenn eine morgendliche Stillmahlzeit oder Pre-Nahrung wegfallen soll, muss diese entsprechend mit einer anderen Milchmahlzeit kompensiert werden. Neben Calcium und Proteinen benötigt Ihr Baby eine Kombination von Eiweiß, Kohlenhydraten, Fetten, Vitaminen, Mineralstoffen und Ballaststoffen. Säuglinge benötigen ca. 400-600 Milliliter an

Milchmahlzeiten pro Tag. Wichtig hierbei sind insbesondere Proteine und Calcium. Die nachfolgenden Rezepte sind geeignet für Babys ab 6 Monaten und können ebenso gut auch in der Zeit nach dem 1. Lebensjahr zubereitet werden.

Bei den Gerichten können je nach Geschmack auch andere Obstsorten verwendet werden. Für den Einstieg ist es empfehlenswert, zunächst mit milden Obstsorten wie Banane zu beginnen.

Apfel-Birnen-Brei (ab 6 Monaten)

Zubereitungszeit: 10 Minuten: Schwierigkeit: leicht

Zutaten

- 1 Apfel (Beispielsweise Golden Delicious. Achten Sie auf eine Sorte, die keinen zu hohen Säureanteil hat)
- ½ Birne (Beispielsweise Williams Christ)
- Wasser nach Bedarf
- 1 Teelöffel Rapsöl

Zubereitung

1. Apfel und Birne schälen und vom Kerngehäuse befreien.
2. Den Apfel gemeinsam mit etwas Wasser in einen Topf geben und bei mittlerer Hitze im geschlossenen Topf ca. 5 Minuten dünsten.
3. Anschließend die Birnenstücke hinzugeben und ca. 1 Minute mitdünsten, bis beide Früchte schön weich sind.
4. Das Wasser abgießen und auffangen.
5. Nun kann das Obst püriert werden. Ist der Brei zu dickflüssig, können Sie vom Kochwasser hinzugeben, bis die gewünschte Konsistenz erreicht ist.
6. Beim Servieren das Öl einrühren.

Haferbrei mit Apfelmus (ab 6 Monaten)

Zubereitungszeit: 5 Minuten: Schwierigkeit: leicht

Zutaten

- 100ml Milch

- 2 Esslöffel Apfelmus ohne Zucker
- 1 Tasse zarte Haferflocken

Zubereitung

1. Zutaten in folgender Reihenfolge in ein Glas füllen: Apfelmus, Haferflocken, Milch
2. Über Nacht im Kühlschrank quellen lassen

Bananenbrot ohne Zucker (ab 8 Monaten)

Zubereitungszeit: 60 Minuten: Schwierigkeit: leicht

Zutaten

- 3 Bananen
- 275g Vollkornmehl (anderes Mehl ist auch möglich, aber aufgrund des hohen Ballaststoffgehalts ist Vollkornmehl die bessere Wahl)
- 1 Packung Backpulver

- 60ml Speiseöl
- 1 Ei
- 2 Löffel Milch

Zubereitung

1. Bananen schälen und mit Gabel zerdrücken
2. Alle Zutaten gut verrühren und in eine gefettete Kastenform füllen
3. Ca. 60 Minuten bei 180 Grad Ober- und Unterhitze backen

Porridge mit Apfelstücken (ab 8 Monaten)

Zubereitungszeit: 15 Minuten: Schwierigkeit: leicht

Zutaten

200ml Milch

3 Esslöffel zarte Haferflocken

1 Apfel

Zubereitung

1. Milch mit Haferflocken langsam zum Kochen bringen, gelegentlich umrühren und etwas quellen lassen.
2. Apfel in die Masse hinein reiben (bspw. mit einer Glas- oder Porzellanreibe)
3. Porridge in Schälchen geben

Müsli-Frühstücksbrei (ab 10 Monaten)

Zubereitungszeit: 10 Minuten: Schwierigkeit: leicht

Zutaten

- 2 EL Babymüsli (aus der Drogerie)
- 2 EL Naturjoghurt
- 2 EL Obstmus, bspw. Apfel

Zubereitung

1. Alle Zutaten miteinander verrühren, 5 Minuten aufquellen lassen
2. Bei Bedarf pürieren

Joghurt mit Hafer, Apfel und Möhren (ab 12 Monaten)

Zubereitungszeit: 15 Minuten: Schwierigkeit: leicht

Zutaten

- 100g Naturjoghurt
- 20g Hafer (mild)
- 1 Möhre
- 1 Apfel

Zubereitung

3. Hafer in Naturjoghurt für ca. 5 Minuten quellen lassen
4. Apfel schälen und Möhre reiben
5. Mit Joghurt und Hafer vermischen

Je nach Vorliebe können alle Zutaten auch püriert werden.

Mittagsbreis

Wenn Sie mit der Beikost beginnen möchten, eignet sich dafür ein reiner Gemüsebrei. Denn durch den milden Geschmack wird Ihr Baby einerseits nicht überfordert und kann sich andererseits auch besser mit dem neuen Essverhalten auseinandersetzen. Insbesondere zum Start geht es nicht darum, dass Ihr Kind direkt satt wird, sondern sich an den Brei gewöhnt. Daher ist es vollkommen in Ordnung, wenn Sie zunächst nur 2-3 Löffel des Breis geben und den restlichen Hunger mit Muttermilch oder Pre-Nahrung stillen. Wie die Kleinsten auf Breis reagieren, ist von Kind zu Kind unterschiedlich.

Mein Tipp: starten Sie mit einem Gemüse und bleiben Sie für 7-10 Tage dabei, bis Sie einen neuen Brei anbieten.

Gemüsebrei (ab 6 Monaten)

Zubereitungszeit: 20-30 Minuten: Schwierigkeit: leicht

Zutaten

- 300g geschältes Bio-Gemüse wie bspw. Pastinake, Möhre oder Kürbis

- Wasser

Zubereitung

1. Gemüse gründlich waschen, schälen, putzen und in ganz kleine Stücke schneiden (um die Garzeit möglichst gering zu halten und gleichzeitig viele Vitamine zu erhalten)

2. Gemüse in einen Topf geben, ca. ¾ mit Wasser bedecken und geschlossen für 10-15 Minuten leicht köcheln lassen. Je nach Gemüse, kann es kürzer oder länger dauern. Achten Sie bitte darauf, dass das Gemüse weich ist.

3. Das gekochte Gemüse im Kochwasser abkühlen lassen und fein pürieren. Bei Bedarf etwas mehr Wasser hinzufügen.

Insbesondere am Anfang wird Ihr Baby nicht viel essen – daher empfiehlt es sich, den abgekühlten Brei in kleinen Beikostdosen (alternativ Eiswürfelbehältern) einzufrieren. Diese sind online oder auch in Drogeriemärkten erhältlich.

Gemüse-Kartoffelbrei (ab 6 Monaten)

Zubereitungszeit: 30-40 Minuten: Schwierigkeit: leicht

Wenn Ihr Baby den Gemüsebrei gut verträgt und gern isst, können nun Kartoffeln hinzugefügt werden. Neben den Kartoffeln sollten auch ein paar Tropfen Rapsöl verwendet werden. Dadurch kann Ihr Baby die fettlöslichen Vitamine besser aufnehmen.

Zutaten

- 150g geschältes Bio-Gemüse wie bspw. Pastinake, Möhre oder Kürbis
- 50g Kartoffeln (mehligkochend oder festkochend)
- Wasser
- ½ - 1 EL Rapsöl

Zubereitung

1. Gemüse und Kartoffeln gründlich waschen, putzen, schälen und in kleine Stücke schneiden.

2. Mit 50ml Wasser in kleinem Topf für ca. 15 Minuten leicht köcheln

3. Abkühlen lassen, Rapsöl hinzufügen und fein pürieren.

Gemüsebrei mit Fleisch oder Fisch (ab 6 Monaten)

Zubereitungszeit: 30-40 Minuten: Schwierigkeit: leicht

Wenn Sie Ihrem Kind für weitere 7-10 Tage den Gemüse-Kartoffelbrei gegeben haben, können Sie nun experimentierfreudiger werden.

Zutaten

- 150g geschältes Bio-Gemüse wie bspw. Pastinake, Möhre oder Kürbis
- 50g Kartoffeln
- 30g Fleisch/Fisch (z.B. Hackfleisch, Geflügel oder Seelachsfilet)

- Wasser
- 1 EL Rapsöl

Zubereitung

1. Gemüse und Kartoffeln waschen, putzen, schälen und in kleine Stücke schneiden
2. Fleisch waschen und klein schneiden
3. Alle Zutaten nun mit ca. 80ml Wasser in einem kleinen Topf mit geschlossenem Deckel für ca. 15-18 Minuten garen
4. Wenn alle Zutaten gar sind, den Topf zur Seite stellen und abkühlen lasen
5. Rapsöl hinzufügen und fein pürieren

Für zusätzliche Vitamine kann ein kleiner Obstmus als Nachtisch angeboten werden.

Kürbisbrei mit Fenchel, Pastinake und Kartoffeln (ab 6 Monaten)

Zubereitungszeit: 45 Minuten: Schwierigkeit: leicht

Zutaten

- 30g Kartoffeln
- 40g Pastinake
- 50g Fenchel
- 30g Butternut Kürbis
- 1 Teelöffel Olivenöl
- Wasser nach Bedarf

Zubereitung

- Das Gemüse schälen, den Fenchel vom Strunk befreien und alles in feine Würfel schneiden.
- Die Gemüsewürfel gemeinsam mit so viel Wasser in einen Topf geben, dass alles bedeckt ist und bei geschlossenem Deckel köcheln lassen, bis das Gemüse weich ist.
- Anschließend das Kochwasser abgießen und auffangen.

- Pürieren Sie das gekochte Gemüse nun, bis es fein ist. Sollte der Brei zu dickflüssig sein, können Sie vom Kochwasser hinzugeben, bis die gewünschte Konsistenz erreicht ist.

- Beim Servieren das Olivenöl einrühren.

Süßkartoffelbrei mit Kohlrabi (ab 6 Monaten)

Zubereitungszeit: 45 Minuten: Schwierigkeit: leicht

Zutaten

- 100g Kohlrabi
- 50g Süßkartoffel
- 100ml Wasser
- 1 Teelöffel Pflanzenöl ihrer Wahl

Zubereitung

1. Süßkartoffel und Kohlrabi werden zuerst gründlich geschält. Den Kohlrabi sollten Sie in diesem Schritt

möglichst von holzigen Stellen befreien, da diese auch beim Kochen recht zäh bleiben können.

2. Anschließend das Gemüse klein schneiden und mit dem Wasser in einen geschlossenen Topf geben und kurz aufkochen lassen. Nun die Temperatur herunterdrehen und 15-20 Minuten köcheln lassen, bis das Gemüse weich ist.

3. Nun alles miteinander pürieren. Sobald der Brei serviert wird, wird der Teelöffel Öl eingerührt. Auf 100g Brei sollte dabei 1 Teelöffel Öl hinzugefügt werden.

Fisch-Brokkoli-Nudelbrei (ab 8 Monaten)

Zubereitungszeit: 45 Minuten: Schwierigkeit: leicht

Zutaten

- 30 g Nudeln (z.B. Penne)
- 5-10 Brokkoliröschen
- 100g Fisch (z. B. Seelachsfilet)

Zubereitung

1. Fisch und Brokkoli garen, bis beides weich ist
2. Nudeln parallel ungesalzen kochen
3. In einem Topf alles gemeinsam mit dem Pürierstab fein pürieren (je nach Alter können auch kleinere Stückchen im Brei bleiben
4. Bei Bedarf 1 Teelöffel Öl hinzufügen

Möhrenbrei mit Hirse (ab 8 Monaten)

Zubereitungszeit: 30 Minuten: Schwierigkeit: leicht

Zutaten

- 100g Möhren
- 20g Hirseflocken
- 1 Apfel
- 2-3 Esslöffel Orangensaft
- 1 Eigelb

- 1 Teelöffel Butter oder Margarine
- 200ml Wasser

Zubereitung

1. Möhren schälen, in kleine Stücke schneiden und anschließend im Wasser weichkochen
2. Apfel schälen, Kerngehäuse sowie Stil entfernen und reiben
3. Geriebenen Apfel und die restlichen Zutaten zu den köchelnden Möhren geben
4. Kurz aufkochen und anschließend mit Pürierstab pürieren

Kartoffelbrei mit Zucchini (ab 8 Monaten)

Zubereitungszeit: 30 Minuten: Schwierigkeit: leicht

Zutaten

- 200g Kartoffeln
- 1 Zucchini

- Wasser
- 2 Teelöffel Butter oder Margarine

Zubereitung

1. Kartoffeln und Zucchini gründlich schälen und in kleine Stücke schneiden
2. Kartoffeln gemeinsam mit Zucchini im Wasser kochen
3. Anschließend Butter dazugeben und alles pürieren

Kartoffelbrei mit Putenfleisch (ab 8 Monaten)

Zubereitungszeit: 45 Minuten: Schwierigkeit: leicht

Zutaten

- 20g Putenfleisch
- 50g Kartoffeln
- 100g Wasser

Zubereitung

1. Das Putenfleisch zuerst von Sehnen und Silberhaut befreien und anschließend in reichlich Wasser garen, bis es gut durch ist.

2. Währenddessen die Kartoffeln schälen, kleinschneiden und ebenfalls dünsten, bis sie gar sind.

3. Beide Zutaten gemeinsam mit dem Wasser pürieren, bis ein feiner Brei entstanden ist.

Seelachs in Karotte-Kartoffelbrei (ab 8 Monaten)

Zubereitungszeit: 45 Minuten: Schwierigkeit: leicht

Zutaten

- 20g Seelachsfilet
- 50g Karotte
- 30g Kartoffel
- 5g Butter

Zubereitung

1. Schälen Sie vorerst Kartoffel und Karotte und schneiden Sie sie in feine Würfel.

2. Anschließend beides gemeinsam mit etwas Wasser in einen Topf geben und bei geschlossenem Deckel 15-20 Minuten köcheln lassen, bis das Gemüse gar ist.

3. Den Fisch in der Zwischenzeit im Wasser dünsten, bis er gut durch ist. Durchschnittlich sollte das rund 7 Minuten dauern.

4. Gießen Sie nun das Wasser ab und pürieren Sie alles gemeinsam in einer Schüssel.

5. Zuletzt wird die Butter beim Servieren in den warmen Brei eingerührt.

Exotisches Hähnchen (ab 10 Monaten)

Zubereitungszeit: 45 Minuten: Schwierigkeit: leicht

Zutaten

- 30g Hühnerbrust ohne Haut
- 1 kleine, reife Banane (idealerweise hat diese schon einige braune Punkte. Dann ist sie für ihr Baby leicht verdaulich)
- 50ml Kokosmilch

Zubereitung

1. Die Hühnerbrust ohne Haut im Wasserbad dünsten, bis sie durchgegart ist. Alternativ können Sie die geschälte Banane und die Hühnerbrust im Ofen bei 190 Grad Ober- Unterhitze für ca. 15 Minuten garen. Achten Sie darauf, dass es keine „knusprigen" Stellen gebt. Schneiden Sie diese ansonsten weg.

2. Anschließend wird das Fleisch, gemeinsam mit Banane und Kokosmilch püriert, bis ein homogener Brei entstanden ist.

Bolognese Brei mit Gemüse (ab 10 Monaten)

Zubereitungszeit: 45 Minuten: Schwierigkeit: leicht

Zutaten

- 20g Nudeln
- 50g Tomaten
- 50g Zucchini
- 15g Rinderhackfleisch
- 25ml Karottensaft
- Butter

Zubereitung

1. Nudeln nach Packungsanweisung zubereiten. Achten Sie darauf, das Nudelwasser nur mit einer geringen Menge Salz aufzusetzen.
2. Währenddessen Zucchini schälen und in Würfel schneiden, Tomaten ebenfalls würfeln
3. Butter im Topf zerlassen

4. Gemüse und Hackfleisch bei schwacher Hitze ca. 5 Minuten andünsten, aber nicht braten

5. Die Nudeln gemeinsam mit Möhrensaft 10 Minuten köcheln lassen

6. Den Topf vom Herd nehmen und mit einem Pürierstab gleichmäßig pürieren, ggf. etwas Wasser hinzufügen

7. Vor Verzehr ca. 1 Teelöffel Öl hinzufügen

Pastinaken-Reis-Brei mit Hähnchenbrust (ab 10 Monaten)

Zubereitungszeit: 30 Minuten: Schwierigkeit: leicht

Zutaten

- 50g Reis (am besten Vollkorn oder Parboiled. Reis wirkt stuhlfestigend auf die Verdauung ihres Babys. Sollten Sie also ohnehin Probleme mit dem Stuhlgang ihres Babys haben, sprechen Sie das Thema am besten bei Ihrem Kinderarzt an)

- 100g Pastinake
- 30g Hähnchenbrust
- 1 Esslöffel Sonnenblumenöl

Zubereitung

1. Die Pastinake schälen und fein würfeln. Ebenso das Fleisch von Sehnen befreien und in Würfel schneiden.

2. Mit rund 80ml Wasser in einen Topf geben und bei geschlossenem Deckel ca. 10 Minuten köcheln, bis alles gar und weich ist.

3. In der Zwischenzeit den Reis mit einer Prise Salz nach Packungsanweisung zubereiten.

4. Anschließend alles zusammen pürieren und beim Servieren ein Esslöffel Sonnenblumenöl unterrühren.

Vegetarischer Hirsebrei mit Karotte (ab 10 Monaten)

Zubereitungszeit: 45 Minuten: Schwierigkeit: leicht

Zutaten

- 10g Hirseflocken
- 50g Kartoffeln
- 70g Karotten
- 30g Pastinake
- 1 Esslöffel Rapsöl
- 3 Esslöffel Fruchtmus- oder Saft

Zubereitung

1. Karotten, Kartoffeln und Pastinake waschen, schälen und in feine Würfel schneiden. Anschließend in einen Topf geben und mit ca. 70ml Wasser bei geschlossenem Deckel für ca. 10 Minuten köcheln lassen.

2. Nun die Hirseflocken einrühren und für weitere 5 Minuten garen.

3. Geben Sie anschließend Fruchtsaft- oder Mus dazu und pürieren Sie den Gemüse-Hirse-brei grob. Sie können in diesem Alter beginnen, den Brei etwas stückiger zu servieren.

Variationen beim Mittagsbrei

Grundsätzlich sind viele Kombinationen für den Mittagsbrei denkbar. Letztlich empfiehlt es sich immer, eine Proteinquelle wie Fleisch oder Fisch mit Gemüse und einer Beilage zu kombinieren. Sie werden schnell feststellen, was Ihrem Kind schmeckt und was nicht, daher können Sie gern nach Lust und Laune neue Rezepte ausprobieren. Die nachstehende Tabelle soll Ihnen dabei als Inspiration dienen.

Gemüse	Getreide	Fisch und Fleisch
Blumenko	Dinkel	Geflügel
Broccoli	Mandel	Schwein
Gurke	Grieß	Rind
Kartoffeln	Nudeln	Seelachsfilet
Kohlrabi	Hirse	
Kürbis	Reis	
Mais	Haferflock	
Möhren		
Pastinake		
Rote Beet		
Spinat		
Süßkartoff		
Zucchini		

Abendbreis

Viele Eltern starten nach dem Mittagsbrei mit dem Abendbrei, der in der Regel aus Milch (nicht zwangsweise Kuhmilch), Getreide und Obst besteht. Das Obst spielt eine wichtige Rolle, denn durch das Vitamin C kann mehr Eisen aus dem Getreide aufgenommen werden. So sind beispielsweise Grießbrei oder Reisbrei eine tolle Möglichkeit ihrem Kleinen die letzte Mahlzeit des

Tages zu geben.

Grundrezept Abendbrei (ab 6 Monaten)

Zubereitungszeit: 15 Minuten: Schwierigkeit: leicht

Wir starten zunächst mit dem Grundrezept, das Sie beliebig erweitern oder variieren können.

Zutaten

- 200ml Milch (Voll- oder Säuglingsmilch)
- 20g Babygetreideflogen (Beispielsweise Reis-, Hafer- oder Hirseflocken)
- Nach Bedarf 50g Obst Ihrer Wahl

Zutaten

- 200ml Vollmilch (3,5% Fett)
- 20g Vollkornflocken, Instant-Getreideflocken für Babys, Grieß oder Schmelzflocken

- 20g frisches Obst oder Mus

Zubereitung

- **Vollkornflocken**: Kalte Milch in einen Topf geben, Flocken hinzufügen und unter Rühren kurz aufkochen lassen (ca. 3-4min). Anschließend mit Obst vermischen und abkühlen. Ca. 5-10min ziehen lassen.

- **Grießbrei:** Milch in Topf aufkochen und Grieß einrühren. Ca. 1 Minute köcheln, anschließend mit Obst vermischen und abkühlen lassen

- **Instantflocken:** Informationen auf der Packung beachten. In der Regel muss die Milch aufgekocht werden, die Instantflocken werden dann hinzugegeben, damit sie quellen können. Anschließend Obst hinzufügen und abkühlen lassen.

Getreidebrei mit Birne (ab 6 Monaten)

Zubereitungszeit: 20 Minuten: Schwierigkeit: leicht

Zutaten

- 200ml frische Vollmilch (3,5%)
- 20g Haferflocken
- 1 reife Birne (alternativ Obstbrei)

Zubereitung

1. Zunächst Birne schälen, entkernen und anschließend raspeln
2. Milch parallel in einem Topf unter schwacher Hitze aufkochen
3. Haferflocken hinzufügen
4. Ca. 2-3 Minuten aufkochen
5. Birne hinzugeben
6. Je nach Alter und Geschmack Ihres Kindes kann der Brei nun entweder püriert oder nach dem Abkühlen serviert werden

Anstatt Birne bieten sich alternativ auch andere Obstsorten an. Insofern können hier viele

Variationen gezaubert werden.

Brei mit Zwieback und Banane (ab 6 Monaten)

Zubereitungszeit: 15 Minuten: Schwierigkeit: leicht

Zutaten

- 150ml Vollmilch (3,5%)
- 3 Zwieback (idealerweise zuckerfrei aus dem Drogeriemarkt oder Bioladen)
- ½ Banane

Zubereitung

1. Die Milch langsam erwärmen, ohne zu kochen
2. Den Zwieback per Hand in eine Schüssel zerbröseln
3. Die erwärmte Milch dazugeben
4. Nach ca. 2-3 Minuten ist der Zwieback weich und kann mit einer Gabel zerdrückt werden

5. Nun noch die Banane schälen, zerdrücken und schließlich zum Brei hinzugeben

Grießbrei mit Waldfrüchten (ab 6 Monaten)

Ab 6 Monaten – Zubereitungszeit: 15 Minuten: Schwierigkeit: leicht

Zutaten

- 200 ml Vollmilch (3,5%)
- 20 g Vollkorngrieß (Dinkel oder Weizen)
- 2 Esslöffel TK-Waldfrüchte (ungezuckert)

Zubereitung

1. Die Milch in einem Topf unter Rühren zum Kochen bringen
2. Den Grieß gleichmäßig mit einem Schneebesen einrühren und anschließend kurz aufkochen lassen

3. Die gefrorenen Beeren in den Topf geben und ca. 2-3 Minuten weiterköcheln lassen, bis die Beeren vollständig aufgetaut sind

4. Für kleinere Babys den Grießbrei gründlich pürieren. Ältere Babys können auch schon an kleinere Stücke herangeführt werden

Dinkel-Grießbrei mit Apfelmus (ab 6 Monaten)

Zubereitungszeit: 15 Minuten: Schwierigkeit: leicht

Zutaten

- 200ml Vollmilch (3,5%)
- 20g Dinkelvollkorngrieß
- 2 Esslöffel Apfelmus

Zubereitung

1. Die Milch in einem Topf unter Rühren zum Kochen bringen

2. Den Grieß gleichmäßig mit einem Schneebesen einrühren und anschließend kurz aufkochen lassen

3. Nach 2-3 Minuten den Herd ausschalten, den Grießbrei abkühlen lassen und Apfelmus hinzugeben

Abendbrei mit Zwieback (ab 8 Monaten)

Zubereitungszeit: 15 Minuten: Schwierigkeit: leicht

Zutaten

- 2 Scheiben Zwieback
- 1 Esslöffel Schmelzflocken
- 60ml Wasser
- 60ml Milch
- 1 Obst ihrer Wahl

Zubereitung

1. Milch, Wasser und Schmelzflocken gemeinsam in einen Topf geben und bei mittlerer Hitze aufkochen.

2. Anschließend den Zwieback grob zerstückeln und im Milchbrei einweichen.

3. In der Zwischenzeit ein Obst Ihrer Wahl pürieren und beim Servieren über den Abendbrei geben.

Grundsätzlich lassen sich beide Milchbreie in alle möglichen Richtungen abändern. Besonders die Wahl des Obstes kann regelmäßig variieren. Was schmeckt Ihrem Baby persönlich? Hier können Sie ganz individuell auswählen.

Milchreis (ab 8 Monaten)

Zubereitungszeit: 20 Minuten: Schwierigkeit: leicht

Zutaten

- 150g Milchreis
- 700ml frische Vollmilch (3,5%)
- Vanilleschote

Zubereitung

1. Milch zum Kochen bringen und Milchreis sorgfältig einrühren
2. Vanilleschote halbieren und das Mark vorsichtig herauskratzen und ebenfalls mitkochen
3. Bei schwacher Hitze und unter gelegentlichem Umrühren ca. 25-30 Minuten quellen lassen, bis der Milchreis schön weich ist

Nachdem der Milchreis etwas abgekühlt ist, kann er mit Fruchtbrei (Erdbeere, Himbeere, Mango o.Ä.). ergänzt werden.

Backen für Babys

Sobald Ihr Baby beginnt stückigen Brei zu essen, können Sie ihm auch zuckerfreie Babykekse anbieten. Das hilft nicht nur der Hand-Mund-Koordination, sondern ist auch immer hilfreich, wenn man unterwegs ist.

Da in Babykeksen, wie auch im gekauften Brei Zutaten sein können, die Ihr Baby nicht verträgt, oder die Sie ganz einfach vermeiden wollen, ist es sinnvoll, sie einfach selbst zu backen. Ähnlich wie das Zubereiten von Babybrei ist auch das Backen kein Hexenwerk und Sie wissen genau, was Ihr Baby zu sich nimmt.

Babykekse (ca. 20 Stück)

Zutaten

- 100g Vollkornmehl
- 50g Butter
- 1 mittelgroße sehr reife Banane

Zubereitung

1. Einige Zeit vor Beginn der Zubereitung sollten Sie die Butter aus dem Kühlschrank nehmen, damit sie sich auf Zimmertemperatur erwärmt.
2. Schälen Sie die Banane und zerdrücken Sie sie mit Hilfe einer Gabel zu einem sämigen Brei.
3. Nun die weiche Butter, den Bananenbrei und das Mehl zu einem

geschmeidigen Teig verarbeiten und für 30-60 Minuten kaltstellen.

4. Kurz vor Ende der Ruhezeit ist es Zeit, den Ofen vorzuheizen. Stellen Sie diesen auf 200 Grad Ober-Unterhitze ein.

5. Sobald der Teig aus dem Kühlschrank kommt, wird er noch ein letztes Mal kräftig durchgeknetet.

6. Bereiten Sie nun ein Backblech mit Backpapier vor und formen Sie mit den Händen kleine Kugeln und drücken Sie sie dann leicht flach, sodass kleine Taler entstehen.

7. Die Kekse dann für 15-20 Minuten goldbraun backen, abkühlen lassen und anbieten.

Haferplätzchen mit Apfelmus

Zutaten

- 190g Apfelmus (ohne Zuckerzusatz; bei Bedarf kann das Mus auch ganz einfach selbst hergestellt werden. Die

Äpfel dazu schälen, entkernen, in feinen Stücken ca. 20 Minuten mit etwas Wasser köcheln, bis sie von selbst zerfallen. Anschließend mit einem Pürierstab zu Mus verarbeiten)

- 120g zarte Haferflocken

Zubereitung

1. Den Backofen zuerst auf 160 Grad Ober- und Unterhitze vorheizen. Ein Backblech mit Backpapier auslegen.

2. Das Apfelmus gemeinsam mit den Haferflocken pürieren. Die Hafer-Apfel-Masse für 10-15 Minuten ziehen lassen, damit die Haferflocken quellen können.

3. Feuchten Sie nun Ihre Hände an und formen Sie aus dem Teig kleine Taler.

4. Backen Sie die kleinen Kekse nun für 15-20 Minuten, bis sie eine goldbraune Färbung annehmen. Anschließend abkühlen lassen und Ihrem Baby bei Bedarf anbieten.

Schlusswort

„Wie die Zeit vergeht..." – wer kennt diesen Spruch nicht aus der eigenen Familie, als man noch klein war. Leider ist viel Wahres daran. Die Geschwindigkeit, mit der sich Ihr Kind weiterentwickelt, ist insbesondere in den ersten zwei Jahren schön und manchmal erschreckend zugleich zu beobachten. Vom ersten Löffel Brei dauert es nicht lange bis Ihr Kind irgendwann wie selbstverständlich mit Ihnen am Tisch sitzt und die gleiche Mahlzeit isst wie Sie. Das ist schön und macht vieles leichter, trotzdem merkt man erst in Momenten wie diesen, wie schnell die Beikost-Zeit auch vorbeigeht. Diese Zeit ist aber höchstspannend, nicht nur für Sie – sondern auch für Ihren Schatz, der nun viele Geschmäcker kennenlernen darf.

Unsere Babys – kleine Geschenke, die unser Leben bereichern. Die unser Leben erst lebenswert machen. Ein Wunder, dem wir unsere ganze Liebe schenken und dem wir nur das Beste wünschen. Unsere Aufgabe ist es, ihnen alle Werkzeuge in die Hand zu geben, um zu reifen und um groß zu werden.

Dass wir dabei alle nur unser Bestes geben, ist völlig klar. Jeder schenkt seine individuelle Liebe in der Form, in der er sie für richtig hält. Dass dabei jedes Kind etwas anders erzogen wird, ist völlig klar. Erziehung liegt in den Händen jeder Mutter, jedes Vaters. Lassen Sie sich dabei nicht von Ihrem persönlichen Weg abbringen und entscheiden Sie aus ihrem Herzen heraus.

Bleiben Sie sich treu, denn nur Sie wissen, was das Richtige für Sie, das Baby und Ihre Familie ist. Mit diesem Buch möchte ich Ihnen Anreize schaffen, gesund und einfach für Ihre Familie zu kochen. Nicht nur den ganz Kleinen, sondern auch älteren Geschwistern schmecken die Gerichte bestimmt. Nicht jedes Rezept passt auch zu dem Gaumen Ihres Babys, daher empfehle ich, möglichst viele Rezepte auszuprobieren und insgesamt ausgewogen zu kochen.

Ich wünsche Ihnen viel Spaß und Freude beim Nachkochen der Rezepte und Ihrem Baby einen guten Appetit!

Wenn Ihnen das Buch geholfen hat, würde ich mich sehr über eine Rezension auf Amazon freuen. Das hilft mir als Autorin am meisten.

Ihre Charlotte Becker

Bonus: Beikostplan zum Ausdrucken

Woche 1

Morgens	Milchmahlzeit
Vormittags	Bei Bedarf Milchmahlzeit
Mittags	Gemüsebrei (z.B. Karotte)
Nachmittags	Bei Bedarf Milchmahlzeit
Abends	Milchmahlzeit

Woche 2

Morgens	Milchmahlzeit
Vormittags	Bei Bedarf Milchmahlzeit
Mittags	Gemüsebrei mit Kartoffel
Nachmittags	Bei Bedarf Milchmahlzeit
Abends	Milchmahlzeit

Woche 3

Morgens	Milchmahlzeit
Vormittags	Bei Bedarf Milchmahlzeit
Mittags	Gemüsebrei mit Kartoffel (1-2x pro Woche Fisch oder Fleisch)
Nachmittags	Bei Bedarf Milchmahlzeit
Abends	Milchmahlzeit

Woche 4

Morgens	Milchmahlzeit
Vormittags	Bei Bedarf Milchmahlzeit
Mittags	Brei, Nudeln oder Reis mit 1x Fisch und 1-2x Fleisch
Nachmittags	Bei Bedarf Milchmahlzeit
Abends	Milchmahlzeit

Woche 5 - 8

Morgens	Milchmahlzeit
Vormittags	Bei Bedarf Milchmahlzeit
Mittags	Brei, Nudeln oder Reis mit 1x Fisch und 1-2x Fleisch
Nachmittags	Bei Bedarf Milchmahlzeit
Abends	Abendbrei (Milch-Getreidebrei)

Woche 9 - 12

Morgens	Milchmahlzeit
Vormittags	Bei Bedarf Milchmahlzeit
Mittags	Brei, Nudeln oder Reis mit 1x Fisch und 1-2x Fleisch
Nachmittags	Obstsnack, Getreide

| Abends | Abendbrei (Milch-Getreidebrei) |

Ab Woche 13

Morgens	Milchmahlzeit
Vormittags	Obst
Mittags	Brei, Nudeln oder Reis mit 1x Fisch und 1-2x Fleisch
Nachmittags	Obstsnack, Getreide
Abends	Abendbrei (Milch-Getreidebrei)

Eine PDF-Version zum Herunterladen und Ausdrucken finden Sie unter:

www.familie-und-kind.com/beistkostplan

Haftungsausschluss

Das Werk einschließlich aller seiner Teile ist urheberrechtlich geschützt. Jede Verwertung ist ohne schriftliche Zustimmung des Autors unzulässig. Darunter fallen auch alle Formen der elektronischen Verarbeitung. Die Wiedergabe von Gebrauchsnamen, Handelsnamen, Warenbezeichnungen usw. in diesem Werk berechtigt auch ohne besondere Kennzeichnung nicht zu der Annahme, dass solche Namen im Sinne der Warenzeichen- und Markenschutz-Gesetzgebung als frei zu betrachten wären und daher von jedermann benutzt werden dürfen. Es ist nicht zulässig, Teile dieses Dokuments entweder auf elektronischem Wege oder in gedruckter Form zu reproduzieren, duplizieren oder zu übertragen. Benutzung dieses Buches und die Umsetzung der darin enthaltenen Informationen, Anleitungen und Strategien erfolgt ausdrücklich auf eigenes Risiko.

Haftungsansprüche gegen den Autor für Schäden materieller oder ideeller Art, die durch die Nutzung oder Nichtnutzung der Informationen bzw. durch die Nutzung fehlerhafter und/oder unvollständiger Information verursacht wurden, sind grundsätzlich ausgeschlossen. Rechts- und Schadenersatzansprüche sind daher ausgeschlossen. Das Werk inklusive aller Inhalte wurde unter größter Sorgfalt erarbeitet. Der Autor übernimmt jedoch keine Gewähr für die Aktualität, Korrektheit, Vollständigkeit und Qualität der bereitgestellten Informationen. Druckfehler und Falschinformationen können nicht vollständig ausgeschlossen werden. Es kann keine juristische Verantwortung sowie Haftung in irgendeiner Form für fehlerhafte Angaben und daraus entstandenen Folgen vom Autor übernommen werden. Für die Inhalte von den in diesem Buch abgedruckten Internetseiten sind ausschließlich die Betreiber der jeweiligen Internetseiten verantwortlich. Der Autor haben keinen Einfluss auf Gestaltung und Inhalte fremder Internetseiten. Der Autor distanziert sich daher von allen fremden Inhalten. Zum Zeitpunkt der Verwendung waren keinerlei illegale Inhalte auf den Webseiten vorhanden.

© Charlotte Becker

Impressum
LU Books
Pascal Ludwig
Brunnenstr. 6B
30453 Hannover

Coverbild:
magone/depositphotos.com

Weitere, verwendete Bilder:
magone/depositphotos.com
tycoon/depositphotos.com
seralex/depositphotos,com

Gedruckt/vertrieben und verkauft via
Amazon.com, Inc. oder einer Tochtergesellschaft

Independently published